おつまみ便利帳

婦と生活社

もくじ

おつまみ

あさり
009 あさりとセロリの蒸し煮
009 あさり蒸し豆腐

アスパラガス
010 アスパラガスのナムル
010 アスパラガスのゆかりマヨあえ
011 アスパラガスの白あえ
011 アスパラガスとエリンギの
　　甘辛クリーム炒め

厚揚げ
012 厚揚げののりチーズグラタン
012 厚揚げのねぎみそ焼き

油揚げ
013 油揚げのおろしのせ
013 油揚げの青じそチーズはさみ焼き
014 油揚げとおろしのピリ辛ソースがけ
014 きんちゃく卵の照り焼き

アボカド
015 アボカドとかまぼこ、
　　きゅうりのピンチョス
015 アボカドとのりのあえもの

アンチョビ
016 バーニャカウダ
016 じゃがいものアンチョビソテー

いか
017 いかとクレソンのエスニックあえサラダ
017 ピリッといか納豆
018 いかのトマト煮 いかすみのり風味
018 いかの塩辛ピザ

いんげん
019 いんげんの黒ごまあえ
019 いんげんとちくわの
　　オイスターソース炒め

枝豆
020 ロースト枝豆 パルメザンガーリック味
020 カリカリ枝豆チーズ
021 枝豆ペペロンチーノ
021 焼き枝豆

えび
022 ゆでえびのケッパーマリネ
022 えびときのこのアヒージョ

オクラ
023 オクラのなめたけあえ
023 オクラのシーザーサラダ風

かぶ
024 かぶレモン
024 かぶの粒マスタード炒め

かぼちゃ
025 コロコロかぼちゃの甘煮
025 かぼちゃのバター七味焼き
026 せん切りかぼちゃの
　　ペペロンチーノ風
026 かぼちゃのグリル ピリ辛マヨだれ

かまぼこ
027 かまぼことねぎみそ
027 かまぼこのカレーじょうゆ炒め

辛子明太子
028 手羽先明太
028 明太豆腐ディップ
029 油揚げの明太ピザ
029 たたき長いもの明太あえ

カリフラワー
030 カリフラワーのペペロンチーノ
030 カリフラワーとツナのレンジ蒸し

絹さや
031 絹さやのコーンバター煮
031 絹さやとしらすのラー油あえ

きのこ
032 きのことこんにゃくの
　　オイスターソース炒め

033 炒めきのこのしょうゆマリネ
033 ブラウンマッシュの白ワイン蒸し
034 きのこのエスカルゴ風
034 エリンギのカレーマヨ炒め
035 しいたけのピリ辛チーズ焼き
035 ミックスきのこのバターポン酢炒め
035 まいたけのブルーチーズ焼き

キムチ
036 キムチラスクカナッペ
036 ピリ辛ポテトサラダ
037 たことセロリのキムチあえ
037 キムチとじゃがいものチヂミ

キャベツ
038 クミンキャベツ
038 キャベツとツナのカレーサラダ
039 キャベツとツナの梅あえ
039 春キャベツのコチュマヨディップ添え

きゅうり
040 きゅうりとしらすのガーリック炒め
041 きゅうりと玉ねぎの
　　ヨーグルトミントサラダ
041 きゅうりのバンバンジー風

餃子の皮
042 シンプルパリパリせんべい
042 クリスピーピザ

切り干し大根
043 切り干し大根とゆかりのマヨ炒め
043 切り干し大根とツナの炒めもの

ゴーヤー
044 ゴーヤーのおひたし風
044 ゴーヤーとツナの炒め煮
045 ゴーヤーのみそ焼き

コーン缶
046 焦がしコーンのバターソテー
046 コーンと香菜のサラダ
047 コーンとザーサイ、
　　長ねぎのラー油あえ

047 コーンのナムルとベビーリーフ

ごぼう
048 ごぼうのハーブきんぴら
049 ごぼうのマヨサラダ
049 ごぼうのごまみそがけ
049 たたきごぼうの南蛮漬け

小松菜
050 小松菜の鮭フレーク炒め
050 小松菜とえのきのおひたし

こんにゃく
051 ピリ辛こんにゃく
051 糸こんにゃくのソース炒め

コンビーフ缶
052 レタスのコンビーフ炒めがけ
052 コンビーフとトマトのマヨあえ

桜えび
053 桜えびとバジルのピザ
053 桜えびと大根のサラダ風ナムル

鮭缶
054 キャベツ入りちゃんちゃん焼き
054 鮭とれんこんの甘辛炒め

刺身
055 ベトナム風刺身サラダ
055 白身魚と角切り野菜のセビーチェ
056 かつおのたたき ガーリックソース
　　カルパッチョ
056 ほたてのねぎ塩カルパッチョ

さつまいも
057 さつまいもチップス
057 さつまいものレモン煮

さば缶
058 さばみそとかぶのさっと煮
058 さばみそのトマト煮

さんま缶
059 さんまの磯辺揚げ
059 さんまとしょうがの炊き込みご飯

しば漬け
060 しば漬けポテトサラダ
061 しば漬けのクリームディップ
061 しば漬け納豆
061 しば漬けと長いものサラダ

じゃがいも
062 じゃがたらバター炒め
062 ごまドレジャーマンポテト
063 じゃがいものガーリックマヨサラダ
063 じゃがいものりのフリッタータ
064 おろしじゃがいもとコーンの
　　パンケーキ
064 じゃがいもとパセリのピカタ

食パン
065 青のりサイコロラスク
065 三角カナッペ さばみそカレー味
066 スティック食パンの生ハム巻き
066 はんぺんのえびトースト風

白身魚
067 白身魚とじゃがいものサブジ
068 鮭とコーンのアクアパッツァ
068 白身魚のソテー バルサミコソース

スナップえんどう
069 スナップえんどうのミモザ風
069 スナップえんどうと
　　笹かまぼこのみそあえ

スパム缶
070 スパムステーキ＋粒マスタード
070 スパムステーキ＋黒こしょう・バター
071 スパムカナッペ＋ゆずこしょう
071 スパムカナッペ＋のりのつくだ煮
072 スパム入りニース風サラダ
072 スパムコールスロー

スモークサーモン
073 スモークサーモンとかぶの
　　バジルカルパッチョ

074 クリームチーズサーモンの
　　きゅうりボート
074 サーモンとトマトのおろしあえ
074 サーモンとらっきょうの甘酢あえ

セロリ
075 セロリと蒸し鶏の梅サラダ
075 セロリとパプリカのビネガーバター煮

ソーセージ
076 ソーセージペッパーレモン
076 ソーセージとミニトマトのチーズ炒め
077 ソーセージとミックスビーンズの
　　トマトグラタン

大根
078 大根とハムのサラダ
079 大根の照り焼き
079 大根とハムのマリネ
079 大根とにんじんのサラダ

たけのこ
080 たけのこの照り焼き風
080 たけのこのおかか炒め

たこ
081 たこねぎサラダ
081 たことゴーヤーのコチュジャンあえ

卵
082 卵黄のみそ漬け
082 冷凍卵黄
083 おそば屋さん風卵焼き
083 揚げ焼き卵のエスニックサラダ
084 半熟卵とせん切り野菜のサラダ
084 卵のカレーピクルス
085 ゆで卵のツナ詰め
085 卵のココット
085 ゆで卵の中華風ソースがけ

玉ねぎ
086 玉ねぎのレンジ蒸し 酢みそがけ
086 玉ねぎと桜えびの炒めもの

086 オニオンスライスの和風サラダ
087 オニオンリングのフライ

チーズ
088 酢みそカマン
088 チーズの磯辺巻き
089 ブルーチーズのグリーンサラダ
089 じゃこチーズせんべい
090 簡単バーニャカウダ
090 焼き野菜のポン酢チーズマリネ
091 フライパンピザ
092 ペッパークリームチーズとまぐろ、マッシュルームのピンチョス
092 ごまチーズチップス
092 カッテージチーズとにんじんのサラダ

ちくわ
093 ちくわのかば焼き風
093 ちくわののりわさびのせ

ツナ缶
094 ツナ+キムチ+細ねぎ
094 ツナ+玉ねぎ+ポテトチップス
095 ツナと細ねぎのチヂミ
095 ツナの照り焼きステーキ
096 ツナとミニトマト、きゅうりのサラダ
096 ツナ・キャロットラペ
097 ツナともやしのレンジ蒸し
097 ツナと水菜の豆腐あえ
098 ツナマヨ卵サラダ
098 ツナスパニッシュオムレツ

豆腐
099 温玉のピリ辛冷ややっこ
099 にら玉やっこ
100 アボカドとミニトマトの洋風冷ややっこ
100 揚げ玉冷ややっこ
101 豆腐お好み
101 豆腐のスパイスマリネ
102 じゃこ豆腐

102 豆腐ステーキの香味ソースがけ
102 豆腐のおかか焼き
103 豆腐と高菜のじゃこ炒め
103 豆腐のジョン

豆苗
104 豆苗のボンゴレ風
104 豆苗のシャキシャキサラダ

とうもろこし
105 とうもろこしのかき揚げ
105 簡単焼きとうもろこし

トマト
106 冷やしトマト 薬味のせ
106 トマトとじゃこのサラダ
107 夏野菜たっぷりメキシカンサラダ
107 トマトのふわふわ卵炒め
108 焼きトマトのステーキ風
108 ミニトマトの甘酢漬け

トマト缶
109 かぼちゃ入りラタトゥイユ
109 なすとひき肉のムサカ

鶏肉
110 鶏肉のピリ辛から揚げ
111 ジャンボ鶏つくね
111 ささみときゅうりのわさびあえ
112 ささみセサミ
112 鶏レバーのクリームマスタード煮
113 蒸し鶏と紫玉ねぎのナッツドレッシングサラダ
113 蒸し鶏とズッキーニのアンチョビマリネ
114 鶏肉の塩レモン煮
114 鶏肉のオレンジ中濃ソース焼き

長いも
115 長いものアンチョビクリームグラタン
115 蒸し長いも明太カナッペ
115 長いものめんつゆ炒め

なす

- 116 焼きなすマリネ
- 116 蒸しなすとごまペーストのカナッペ
- 117 野菜のカポナータ風
- 118 蒸しなすの梅キムチ
- 118 なすのとろろ昆布あえ
- 118 なすの黒酢炒め

納豆

- 119 もずくオクラ納豆
- 119 温玉納豆キムチ

生ハム

- 120 生ハムとルッコラのバルサミコサラダ
- 121 生ハムとほうれん草の洋風かき揚げ
- 121 生ハムとカマンベール、
  いちじくのピンチョス

にんじん

- 122 にんじんとグレープフルーツのサラダ
- 122 にんじんのたらこ炒め
- 123 薄切り豚肉のにんじん巻きフライ
- 123 にんじんのカレー炒め

白菜

- 124 アンチョビ白菜
- 124 白菜の甘酢煮

パプリカ

- 125 赤パプリカの和風マリネ
- 125 赤パプリカのチーズ焼き

はんぺん

- 126 はんぺんのピリ辛チーズ焼き
- 126 はんぺんの青のりマヨあえ

ピーマン

- 127 赤ピーマンのじゃこきんぴら
- 127 ピーマンのみそバター炒め

ひじき

- 128 ひじき煮の白あえ
- 128 ひじきとちくわのピリ辛煮

豚肉

- 129 豚バラソテーのゆずこしょうソース
- 130 豚マヨキムチ
- 130 豚肉のトマトチーズ巻き焼き

ブロッコリー

- 131 ブロッコリーとコーンの
  オリーブオイルサラダ
- 131 ブロッコリーのツナそぼろがけ

ベーコン

- 132 ベーコンとブロッコリー、
  ミニトマトのピンチョス
- 132 ベーコンとひじきの炒めもの
- 133 フライドポテトのベーコン巻き
- 133 ベーコンとにらのキムチ炒め

ほうれん草

- 134 ほうれん草とザーサイのあえもの
- 134 ほうれん草とたくあんのあえもの

ほたて缶

- 135 ほたてのエスカルゴ風
- 135 ほたてのサルサソース
- 136 ほたての卵焼き
- 136 ほたてときゅうりのサラダ

豆缶

- 137 ミックスビーンズと玉ねぎのサラダ
- 137 ひたし豆
- 138 ひよこ豆とひき肉のカレー炒め
- 138 ミックスビーンズときのこのマヨ焼き
- 139 ひよこ豆ときゅうり、
  ヨーグルトのサラダ
- 139 大豆とじゃこの酢漬け
- 140 ひよこ豆とソーセージのソテー
- 140 大豆の白あえ

水菜

- 141 水菜と春雨、長ねぎの和風サラダ
- 142 水菜のからしあえ
- 142 水菜と油揚げのサラダ
- 142 水菜と韓国のりのナムル風

みょうが
143　みょうがのピクルス
143　みょうがのバターじょうゆ炒め
もやし
144　もやしと大豆のナムル
144　もやしとしょうがの塩昆布あえ
145　もやしとメンマのピリ辛炒め
145　もやしの中華風温サラダ
焼き鳥缶
146　焼き鳥と長いものわさびあえ
146　焼き鳥の卵とじ
ヤングコーン
147　ヤングコーンののりマヨあえ
147　ヤングコーンのオーロラソースがけ
ラディッシュ
148　ラディッシュのバターポン酢炒め
148　ラディッシュのマヨみそソース
れんこん
149　定番ギリシャ風ピクルス
149　れんこんのねぎみそ焼き
わかめ
150　わかめのナンプラーポン酢がけ
150　わかめのナムル
151　わかめとほたての酢のもの
151　わかめとメンマのあえもの

シメのご飯と麺

ご飯
152　ベビースター焼きめし
152　スパムおにぎり
153　じゃこチーズミニ焼きおにぎり
153　お茶漬けチーズの混ぜご飯
153　きんぴらライスボール
154　ツナビビンバ

154　さんまときゅうりの混ぜご飯
154　鮭フレークとたくあんの混ぜご飯
麺
155　ツナと卵のぶっかけうどん
155　鶏肉のゆずこしょうパスタ

汁もの
156　ピリ辛わかめスープ
156　卵スープ
157　はんぺんのすまし汁
157　三平汁
157　ツナの冷や汁

スイーツ
158　柿ピーとじゃことチョコ
159　ショコラ金時
159　黒こしょうバニラ

[この本の使い方]

・材料は基本的に2人分です。それぞれに明記してあります。

・オリーブオイルはエクストラバージンオリーブオイルを使用しています。

・電子レンジは600Wのもの、フライパンはフッ素樹脂加工のもの、鍋はステンレス製のものを使っています。

・電子レンジ、オーブン、オーブントースター、魚焼きグリルなどの加熱時間は、機種によって差が出ることがありますので、様子をみながら加熱してください。

・大さじ1は15㎖、小さじ1は5㎖、1カップは200㎖です。

おつまみ

冷蔵庫の中を覗いて、
めぼしい食材がいくつかあれば、
今すぐにでもおつまみはパパッと作れます。
晩酌のお供にはもちろんのこと、
お酒を飲みながらの軽めの夜ごはんにもなる
282レシピを、メインの食材50音順にご紹介！

あさりと
セロリの蒸し煮

材料（2人分）
あさり（砂抜き済み）… 250g
セロリ（葉つき）… 1本（100g）
A ┌ 水 … 1/4カップ
　└ 塩・こしょう … 各少々
白ワイン（または酒）… 大さじ2
オリーブオイル … 大さじ2

❶ あさりは殻同士をこすり合わせてよく洗う。セロリは筋をとって5mm幅の斜め切りにし、葉はちぎる。

❷ 鍋にオリーブオイル大さじ1を中火で熱し、セロリを1分炒める。火からはずしてあさりを加え、白ワインをふって中火で煮立てる。

❸ あさりの口が開いたら、Aを加えてひと煮する。オリーブオイル大さじ1をまわしかけて、セロリの葉を散らす。

あさり蒸し豆腐

材料（2人分）
あさり（砂抜き済み）… 14〜16個
木綿豆腐 … 1/2丁（約150g）
A ┌ 酒・しょうゆ … 各小さじ1/2
　└ 塩 … 少々
ごま油・細ねぎ（小口切り）… 各適量

❶ ボウルに豆腐をくずしながら入れ、Aを加えて軽く混ぜる。

❷ 耐熱容器に①を入れ、あさりをのせる。

❸ 鍋に②を置き、器の高さ半分くらいまで湯をはる。弱めの中火で熱し、ふたをして10分蒸す。あさりの口が開いたら器ごと取り出し、ごま油をまわしかけ、細ねぎを散らす。

アスパラガス

アスパラガスのナムル

材料（2人分）
グリーンアスパラガス … 5本
白いりごま … 小さじ1/2
塩 … 小さじ1/3
ごま油 … 小さじ1/2

❶ アスパラガスは根元を切って縦半分にし、長さを3等分に切る。
❷ 耐熱ボウルに①、塩、ごま油を入れてさっと混ぜ、ラップをかけずに電子レンジで1分半加熱する。器に盛り、白ごまをふる。

アスパラガスのゆかりマヨあえ

材料（2人分）
グリーンアスパラガス … 5本
A［ マヨネーズ … 小さじ2
　　ゆかり … 小さじ1/2 ］

❶ アスパラガスは根元を切って長さを4等分に切り、1～2分ゆでて水けをきり、粗熱をとる。
❷ Aをよく混ぜ、①を加えてあえる。

アスパラガスの白あえ

材料（2人分）
グリーンアスパラガス … 1本
木綿豆腐 … 1/4丁
A ┃ 白練りごま … 大さじ1/2
  ┃ マヨネーズ … 小さじ2
  ┗ 砂糖・しょうゆ … 各小さじ1

❶ アスパラガスは根元を切り、ラップに包んで電子レンジで30秒加熱し、粗熱がとれたら斜め薄切りにする。

❷ 豆腐はしっかりと水きりし、スプーンでなめらかにつぶす。Aを加えて混ぜ合わせ、①を加えてあえる。

アスパラガスとエリンギの甘辛クリーム炒め

材料（2人分）
グリーンアスパラガス … 3本
エリンギ … 1本
焼き肉のたれ（市販） … 大さじ1
生クリーム … 大さじ1
バター … 10g

❶ アスパラガスは根元を切り、斜め6等分に切る。エリンギは長さを半分に切り、薄切りにする。ともに耐熱皿に入れ、ラップをかけて電子レンジで1分加熱する。

❷ フライパンにバターを熱し、①を炒める。焼き肉のたれを加えて全体にからめ、生クリームも加えて炒め合わせる。

厚揚げ

厚揚げの のりチーズ グラタン

材料（2人分）
厚揚げ … 1枚（200g）
焼きのり（全形）… 1枚
ピザ用チーズ … 80g〜
A ［ オイスターソース・マヨネーズ … 各大さじ1 ］

❶ 厚揚げは厚みを半分に切り、それぞれ4等分に切る。のりは細かくちぎる。
❷ 耐熱容器に厚揚げを並べ、切り口に混ぜ合わせたAを塗って、のりとチーズを散らす。
❸ オーブントースターでチーズが溶けるまで12〜13分焼く。

厚揚げのねぎみそ焼き

材料（2人分）
厚揚げ … 1/2枚
A ［ 長ねぎ（みじん切り）… 3cm分
みそ … 大さじ1
みりん … 小さじ1
砂糖・ごま油・白いりごま … 各小さじ1/2 ］

❶ 厚揚げは横に6等分に切る。
❷ Aを混ぜ合わせ、①にのせて広げ、オーブントースターで焼き色がつくまで3〜4分焼く。

油揚げ

油揚げのおろしのせ

材料（2人分）
油揚げ … 1枚
大根 … 5cm
青じそ（せん切り）… 適量
ポン酢しょうゆ … 適量

❶ 油揚げは焼き網かオーブントースターでこんがりと焼き、3cm四方に切る。大根はすりおろしてざるに上げ、5分おいて水けをきる。

❷ 器に①を順に盛り、ポン酢をかけて青じそをのせる。

油揚げの青じそチーズ はさみ焼き

材料（2人分）
油揚げ … 2枚
スライスチーズ
　… 2枚
青じそ … 4枚
豆板醤 … 少々

❶ 油揚げは半分に切って袋状に開き、内側に豆板醤を薄く塗る。チーズと青じそは半分に切り、それぞれ油揚げにはさむ。

❷ フライパンを熱して①を焼き、両面に焼き色がついたら食べやすく切る。

013

油揚げ

油揚げとおろしの
ピリ辛ソースがけ

材料（2人分）
油揚げ … 2枚
大根おろし … 大さじ2
細ねぎ（小口切り） … 適量
A［ウスターソース … 大さじ1
　　酢 … 小さじ2
　　豆板醤 … 小さじ1/2 ］

❶ フライパンを熱して油揚げの両面をカリッと焼き、短冊切りにする。
❷ 器に盛って大根おろしをのせ、混ぜ合わせたAをかけて細ねぎを散らす。

きんちゃく卵の
照り焼き

材料（2人分）
油揚げ … 1枚
卵 … 2個
A［しょうゆ・みりん・砂糖・だし汁 … 各小さじ2 ］

❶ 油揚げは半分に切って袋状に開き、卵を1個ずつ割り入れて口を楊枝でとめる。Aは混ぜ合わせる。
❷ 熱したフライパンに①の油揚げを入れ、弱めの中火で両面を4分焼き、Aを加えて煮からめる。

アボカドとかまぼこ、きゅうりのピンチョス

アボカド

材料（4本分）
アボカド … 適量
かまぼこ … 3cm
きゅうり … 6cm
梅干し … 1個
練りわさび … 適量

❶ アボカドは2cmの角切りを4個用意する。かまぼこは1.5cm厚さに切り、さらに半分に切る。きゅうりはところどころ皮をむき、1.5cm幅に切る。

❷ 梅干しは種をとって、果肉を包丁でたたく。

❸ ピック4本にきゅうり、かまぼこ、アボカドの順に刺し、②とわさびをのせる。

アボカドとのりのあえもの

材料（2人分）
アボカド … 1個
焼きのり（全形）… 1/4枚
A ［ にんにく（すりおろし）… 少々
　 しょうゆ・マヨネーズ … 各小さじ1
　 豆板醤 … 少々 ］

❶ アボカドは種をとって皮をむき、1.5cm角に切る。

❷ Aをよく混ぜ、①とちぎったのりを混ぜ合わせる。

Column

かんたんカクテル ①

梅酒ティー

材料（2人分）
梅酒 … 1/2カップ
紅茶※ … 1/2カップ
※市販のペットボトル（無糖タイプ）でもOK

① 梅酒と紅茶を混ぜればできあがり。なるべくプレーンな味の紅茶のほうが、梅酒の風味が生きる。

アンチョビ

バーニャカウダ

材料 （2人分）
アンチョビ缶（フィレ）… 1/2缶（15g）
にんにく（半分に切り、芯を除く）
　… 2かけ分
好みの野菜（ミニにんじん、カリフラワー、
　パプリカ）… 各適量
牛乳 … 大さじ1
塩・こしょう … 各適量
オリーブオイル … 大さじ4

❶ 大きめの耐熱ボウルににんにく、牛乳、水大さじ3を入れ、ラップをかけずに電子レンジで3分加熱する。

❷ ①の水分を捨て、缶汁をきったアンチョビを加えてフォークの背などで細かくつぶす。オリーブオイルを少しずつ加えながらなめらかになるまで混ぜる。ラップをかけずに電子レンジで30秒加熱し、塩とこしょうで味を調える。器に盛り、切り分けた好みの野菜を添える。

じゃがいものアンチョビソテー

材料 （2人分）
アンチョビ缶（フィレ）… 1/2缶（15g）
じゃがいも … 2個
にんにく（みじん切り）… 1かけ分
パセリ（みじん切り）… 大さじ2
オリーブオイル … 大さじ2と1/2
塩・こしょう … 各少々

❶ じゃがいもは太めのせん切りにし、水にさらす。アンチョビは缶汁をきって粗いみじん切りにする。

❷ フライパンにオリーブオイル大さじ2を中火で熱し、水けをふいたじゃがいもを全体がきつね色になるまで炒める。

❸ じゃがいもを端に寄せ、オリーブオイル大さじ1/2、にんにく、アンチョビを加える。香りが立ったら全体を炒め合わせ、塩とこしょうで味を調える。器に盛り、パセリをふる。

いかとクレソンのエスニックあえサラダ

材料（2人分）
いか（刺身用）
　… 1ぱい（150g）
長ねぎ … 小1本（80g）
クレソン … 30g
A ［赤唐辛子（小口切り）
　… 1/2本分
ナンプラー・レモン汁・
　ごま油 … 各大さじ1］
塩 … 少々

❶ 長ねぎは縦半分に切って芯を除き、斜め薄切りにする。クレソンは3cm長さに切る。
❷ いかは細切りにして、塩をふる。
❸ Aを混ぜ、①と②を加えてあえる。

ピリッといか納豆

材料（2人分）
いかそうめん … 80g
納豆 … 1パック
細ねぎ（小口切り）… 適量
A ［しょうゆ・酢
　… 各小さじ2
ゆずこしょう … 少々］

❶ いかそうめんと納豆にAを加え混ぜ、器に盛り、細ねぎを散らす。

いか

いかのトマト煮 いかすみのり風味

材料（2人分）
もんごういかの胴 … 1/2ばい分（150〜200g）
トマト … 2個（400g）
玉ねぎ … 1/4個（50g）
赤唐辛子 … 1本
A ┌ 焼きのり（全形）… 2枚
　└ 水 … 大さじ3
B ┌ にんにく（すりおろし）… 1かけ分
　│ ナンプラー … 大さじ2
　└ 砂糖 … 大さじ1
オリーブオイル … 大さじ2

❶ いかは表面に斜めの切り込みを入れて、2×4cm四方に切る。トマトは2cm角に切る。玉ねぎはみじん切りにする。

❷ Aののりはちぎって分量の水にひたす。

❸ フライパンにオリーブオイルを中火で熱し、玉ねぎと種をとった赤唐辛子を1分炒める。トマトとBを加えて、ときどき混ぜながら強火で6分煮立てる。

❹ トマトが煮くずれてきたら、②といかを加えて2〜3分煮る。

いかの塩辛ピザ

材料（2人分）
いかの塩辛（市販）… 大さじ3
餃子の皮 … 6枚
ピザ用チーズ … 大さじ3
細ねぎ（小口切り）… 適量

❶ 餃子の皮にいかの塩辛をのせて広げ、チーズを散らす。

❷ オーブントースターでチーズが溶けるまで3〜4分焼き、細ねぎを散らす。

いんげんの黒ごまあえ

いんげん

材料（2人分）
いんげん … 12本
A ┌ 黒すりごま … 大さじ1と1/2
　├ 砂糖 … 大さじ1
　└ しょうゆ … 小さじ2

❶ いんげんは3cm長さに切り、1分ゆでて水けをきる。

❷ Aをよく混ぜ、①を加えてあえる。

いんげんとちくわの
オイスターソース炒め

材料（2人分）
いんげん … 12本
ちくわ … 2本
にんにく … 1かけ
オイスターソース … 大さじ1
ごま油 … 小さじ1

❶ いんげんは4cm長さに切り、1分ゆでて水けをきる。ちくわは斜め切りに、にんにくは薄切りにする。

❷ フライパンにごま油とにんにくを熱し、香りが立ったらいんげんとちくわを加えて炒める。オイスターソースをまわし入れ、さっと炒め合わせる。

> 枝豆

ロースト枝豆 パルメザン ガーリック味

材料 (2人分)
枝豆 … 正味100g
粉チーズ … 大さじ2
A [オリーブオイル … 小さじ1
にんにく(すりおろし)・黒こしょう … 各少々]

1. 枝豆は5分ゆで、さやから実をとり出す。
2. Aを混ぜ、①を加え混ぜる。さらに粉チーズを加え、よくまぶす。
3. アルミホイルを敷いた天板に②を重ならないように広げ、オーブントースターで8分焼く。

カリカリ 枝豆チーズ

材料 (2人分)
枝豆 … 正味大さじ4
スライスチーズ(とろけるタイプ) … 2枚

1. 枝豆は5分ゆで、さやから実をとり出す。
2. チーズは4等分に切り、フライパンに並べ、①をのせる。中火で熱し、チーズがカリカリになるまで焼く。

枝豆ペペロンチーノ

材料（2人分）
枝豆 … 150g
にんにく … 1かけ
赤唐辛子（小口切り）
　… 小さじ1
塩・こしょう … 各少々
オリーブオイル … 大さじ1

❶ 枝豆は5分ゆでて水けをきる。にんにくは薄切りにする。

❷ フライパンにオリーブオイル、にんにく、赤唐辛子を中火で熱し、香りが立ったら枝豆をさやごと加えてさっと炒め、塩とこしょうをふる。

焼き枝豆

材料（2人分）
枝豆 … 250g

❶ ボウルに水1カップと塩大さじ2（分量外）を入れ、枝豆をさやごと10分ひたす。

❷ ざるに上げて水けをきり、オーブントースターで焼き色がつくまで10分焼く。

えび

ゆでえびのケッパーマリネ

材料（作りやすい分量）
えび（殻つき）… 10〜12尾
A ┌ 水 … 2カップ
  │ 白ワイン（または酒）… 大さじ2
  └ 塩 … 小さじ1/2
B ┌ パプリカ（赤・みじん切り）
  │   … 1/4個分
  │ ケッパー（みじん切り）… 大さじ2
  │ オリーブオイル … 大さじ3
  │ 白ワイン … 大さじ2
  └ 塩 … 小さじ1/2

❶ えびは殻をむき、背に切り目を入れて背ワタをとる。
❷ 鍋にAを入れて煮立たせ、①を1分ゆでて火を止める。そのまま冷ます。
❸ 保存容器にBを合わせて、水けをきった②を漬け込み、冷蔵室で1時間以上なじませる。

えびときのこのアヒージョ

材料（2人分）
えび（殻つき）… 8尾
マッシュルーム … 8個
にんにく … 1かけ
バゲット … 適量
A ┌ 赤唐辛子（半分にちぎって種をとる）
  │   … 1本分
  │ パプリカパウダー … 小さじ1
  └ 塩 … 小さじ1/2
白ワイン（または酒）… 大さじ1
オリーブオイル … 大さじ6

❶ えびは殻ごと背に切り目を入れ、背ワタと足をとって白ワインをふる。にんにくは薄切りにする。
❷ フライパンにオリーブオイルとにんにくを弱火で熱し、香りが立ったら汁をよくふいたえびとマッシュルームを加える。
❸ 上下を返しながら2〜3分焼き、えびが赤くなったらAを加えて2〜3分火を通す。器に盛ってバゲットを添え、つけながらいただく。

オクラのなめたけあえ

オクラ

材料 (2人分)
オクラ … 6本
なめたけ(市販) … 大さじ2

❶ オクラは塩適量(分量外)をまぶしてもみ、さっとゆでて水けをきり、ヘタを落として乱切りにする。

❷ 器に盛ってなめたけをかけ、混ぜ合わせていただく。

オクラの シーザーサラダ風

材料 (2人分)
オクラ … 5本
ホールコーン缶 … 大さじ2
A ┌ フレンチドレッシング(市販)
　│　　… 大さじ1と1/2
　└ 粉チーズ … 大さじ1

❶ オクラは塩適量(分量外)をまぶしてもみ、さっとゆでて水けをきり、ヘタを落として斜め半分に切る。

❷ Aをよく混ぜ、①と缶汁をきったコーンを加えてあえる。

023

か
ぶ

かぶレモン

材料（2人分）
かぶ … 小3個
A
- レモン汁 … 1/4個分
- しょうゆ … 大さじ1
- ごま油 … 小さじ1

❶ かぶは皮つきのまま8等分のくし形切りにしてボウルに入れる。塩小さじ1/2（分量外）をまぶして10分おく。

❷ ①の水けを軽くきり、混ぜ合わせたAを加えてあえる。

材料（2人分）
かぶ（葉つき）… 2個
粒マスタード … 大さじ1/2
しょうゆ … 少々
オリーブオイル … 小さじ2

❶ かぶは、実は皮をむいて8等分のくし形切りにし、葉は3cm長さに切る。

❷ フライパンにオリーブオイルを熱して①を炒める。かぶの実に焼き色がついたら、粒マスタードとしょうゆで調味する。

かぶの粒マスタード炒め

かぼちゃ

コロコロかぼちゃの甘煮

材料（2人分）
かぼちゃ … 100g
砂糖 … 大さじ2

❶ かぼちゃはところどころ皮をむき、1.5cm角に切る。
❷ 小鍋に水1/2カップと砂糖を入れて熱し、煮立ったら①を加えて中火で3〜4分煮る。

かぼちゃのバター七味焼き

材料（2人分）
かぼちゃ … 100g
七味唐辛子 … 少々
塩 … 少々
バター … 10g

❶ かぼちゃは皮つきのまま5mm幅のひと口大に切る。
❷ フライパンにバターを熱し、弱火で①を炒める。火が通ったら塩で調味し、器に盛り、七味唐辛子をふる。

かぼちゃ

せん切りかぼちゃの ペペロンチーノ風

材料 （2人分）
かぼちゃ … 1/8個
にんにく … 1/2かけ
塩 … 少々
オリーブオイル … 小さじ2

❶ かぼちゃは皮つきのまま4cm長さのせん切りに、にんにくは薄切りにする。

❷ フライパンにオリーブオイルとにんにくを熱し、香りが立ったらかぼちゃを加え、火が通るまで炒めて塩で調味する。

かぼちゃのグリル ピリ辛マヨだれ

材料 （2人分）
かぼちゃ … 1/8個
A ┌ にんにく（すりおろし） … 少々
  │ マヨネーズ … 大さじ1
  └ 一味唐辛子 … 小さじ1/3
サラダ油 … 適量

❶ かぼちゃは皮つきのまま7mm幅に切り、両面にサラダ油を薄く塗る。

❷ 魚焼きグリルで①の両面を4〜5分焼き、器に盛る。混ぜ合わせたAをつけていただく。

Column

かんたんカクテル ②

はちみつ豆乳ラム

材料 （2人分）
豆乳 … 1カップ
はちみつ … 大さじ1
ラム酒 … 大さじ2

① グラスにはちみつとラム酒を入れてよく混ぜ、はちみつが溶けたら豆乳を注ぐ。

かまぼこ

かまぼことねぎみそ

材料 （2人分）
かまぼこ … 1本
青じそ … 3枚
A [長ねぎ（粗いみじん切り）… 3cm分
みそ … 大さじ2
みりん … 小さじ1]

❶ Aはよく混ぜ合わせる。
❷ かまぼこは6等分に切る。それぞれ中央に縦に深めの切り込みを入れ、縦半分に切った青じそと①をはさむ。

かまぼこのカレーじょうゆ炒め

材料 （2人分）
かまぼこ … 1本
サニーレタス … 適量
A [しょうゆ … 小さじ1
カレー粉 … 小さじ1/2]
サラダ油 … 小さじ1

❶ かまぼこは1.5cm角の棒状に切る。
❷ フライパンにサラダ油を熱して①を炒め、焼き色がついたらAを加えて調味する。器に盛り、サニーレタスを添える。

> 辛子明太子

手羽先明太

材料（2人分）
辛子明太子 … 1腹
鶏手羽先 … 4本
レモン（くし形切り）… 適量
A ┌ 塩・粗びき黒こしょう・
　└　ごま油 … 各少々
サラダ油 … 適量

❶ 手羽先は骨を抜きとり、Aをもみ込む。
❷ 明太子はスプーンなどで中身をしごき出し、①の手羽先の中に均等に詰め、口を楊枝でとめる。
❸ フライパンに3cmほどサラダ油を注いで中温（170℃）に熱し、②を並べる。ときどき返しながら、両面がカリッとして色づくまで揚げ焼きにする。
❹ 油をきり、器に盛ってレモンを添える。

明太豆腐ディップ

材料（2人分）
辛子明太子 … 1腹
絹ごし豆腐 … 80g
カッテージチーズ … 80g
好みの生野菜（きゅうり、
　パプリカなど）… 適量
クラッカー … 適量
ごま油 … 小さじ1

❶ 豆腐はペーパータオルに包み、30分おいて水きりする。明太子はスプーンなどで中身をしごき出す。
❷ ボウルに豆腐を入れ、フォークの背などですりつぶし、明太子、カッテージチーズ、ごま油を加えてなめらかになるまで混ぜ合わせる。
❸ 器に盛り、食べやすく切った好みの生野菜やクラッカーを添える。

油揚げの明太ピザ

材料（2人分）
辛子明太子 … 1/2腹
油揚げ … 1枚
マヨネーズ … 大さじ1
粗びき黒こしょう … 適量

❶ 明太子はスプーンなどで中身をしごき出し、マヨネーズを加え混ぜる。

❷ 油揚げに①を薄く塗り広げ、オーブントースターで焼き色がつくまで5分焼く。4等分に切り、黒こしょうをふる。

たたき長いもの明太あえ

材料（2人分）
辛子明太子 … 1腹
長いも … 150g
貝割れ … 適量

❶ 明太子はスプーンなどで中身をしごき出す。長いもは皮をむいてポリ袋に入れ、めん棒で形が残る程度に粗くたたく。

❷ ①を混ぜ合わせて器に盛り、根元を切って長さを半分にした貝割れを添える。

カリフラワー

カリフラワーのペペロンチーノ

材料（2人分）
カリフラワー … 1/2株
にんにく … 2かけ
赤唐辛子（小口切り）… 1本分
塩・こしょう … 各少々
オリーブオイル … 大さじ2

❶ カリフラワーは小房に分けて1〜2分ゆで、水けをよくきり、温かいうちに塩とこしょうをふる。にんにくはみじん切りにする。

❷ フライパンにオリーブオイル、にんにく、赤唐辛子を入れ、弱火で熱して炒める。にんにくがきつね色になったら火を止め、カリフラワーを加えてさっと混ぜ合わせる。

カリフラワーとツナのレンジ蒸し

材料（2人分）
カリフラワー … 1/2株
ツナ缶（フレーク）… 1缶（80g）
A ┌ 水 … 大さじ1
　├ コンソメ（顆粒）… 小さじ1/2
　└ 塩・こしょう … 各少々

❶ カリフラワーは小房に分ける。ツナは缶汁をきる。

❷ 耐熱ボウルに①とAを入れて混ぜる。ラップをかけて電子レンジで3分加熱し、全体を混ぜ合わせる。

Column

かんたんカクテル ③

つぶしベリーのデザートワイン

材料（2人分）
いちご・ブルーベリー・ラズベリーなど
　… 合わせて100g
白ワイン … 1カップ
砂糖 … 大さじ3

① いちごは薄切りにし、ほかのベリーと合わせて砂糖をまぶす。

② グラスに①を入れ、マドラーで軽くつぶして白ワインを注ぐ。ベリーをつぶしながらいただく。

絹さやの
コーンバター煮

絹さや

材料 (2人分)
絹さや … 20枚
ホールコーン缶 … 大さじ3
A ┌ 水…1/4カップ
　 │ バター … 10g
　 │ コンソメ(顆粒) … 小さじ1/4
　 └ 塩・こしょう … 各少々

❶ 絹さやは筋をとり、斜め半分に切る。
❷ フライパンにAを入れて熱し、①と缶汁をきったコーンを加えてさっと混ぜ、ふたをして2分半煮る。

絹さやとしらすの
ラー油あえ

材料 (2人分)
絹さや … 20枚
しらす … 10g
塩・ラー油 … 各少々

❶ 絹さやは筋をとってさっとゆで、水けをきって斜め半分に切る。
❷ 温かいうちにしらすを加え、塩とラー油で味を調える。

きのこ

きのことこんにゃくの
オイスターソース炒め

材料 (2人分)
しめじ … 1/2パック
えのきたけ … 小1袋
こんにゃく … 1/2枚
しょうが(せん切り) … 1かけ分
A [酒・オイスターソース
　　　… 各大さじ1
粗びき黒こしょう … 適量
サラダ油 … 大さじ1

❶ こんにゃくはスプーンでひと口大にちぎる。鍋に入れ、かぶるくらいの水を注いで強火で熱し、沸騰したら弱火で1～2分ゆで、ざるに上げる。

❷ しめじは石づきを落として小房に分ける。えのきたけは石づきを落として長さを半分に切る。

❸ フライパンにサラダ油を熱し、強火で①を炒める。焼き色がついたらしょうがと②を加えて炒め、Aも加えて汁けがなくなるまで炒め合わせる。器に盛り、黒こしょうをふる。

炒めきのこの
しょうゆマリネ

材料 （作りやすい分量）
エリンギ … 3〜4本（200g）
マッシュルーム … 10個（200g）
にんにく … 1かけ
A ┌ タイム（生）… 2枝
　├ 赤唐辛子 … 1本
　├ オリーブオイル … 大さじ3
　└ レモン汁 … 大さじ1
しょうゆ … 大さじ2
オリーブオイル … 大さじ1

❶ エリンギは長さを半分にして縦に薄切りにする。マッシュルームとにんにくは薄切りにする。

❷ フライパンにオリーブオイルを熱し、①を広げて強めの中火で2分焼きつける。うっすら焼き色がついたら、混ぜながら1分炒めて、しょうゆをからめる。

❸ 保存容器にAを合わせ、②が熱いうちに汁ごと加え混ぜる。粗熱がとれたら、冷蔵室で1時間以上なじませる。

ブラウンマッシュの
白ワイン蒸し

材料 （2人分）
マッシュルーム（ブラウン）… 10個
にんにく … 1/2かけ
赤唐辛子 … 1/2本
白ワイン … 大さじ1と1/2
塩・粗びき黒こしょう … 各少々
バター … 10g

❶ マッシュルームは縦半分に切る。にんにくは薄切りにする。赤唐辛子は種をとる。

❷ 耐熱ボウルに①とバターを入れて塩と黒こしょうをふり、白ワインをまわしかける。ラップをかけて電子レンジで2分半加熱し、全体を混ぜ合わせる。

きのこのエスカルゴ風

材料（作りやすい分量）
エリンギ … 2本（100g）
マッシュルーム … 4個
パセリ（みじん切り）… 大さじ1
A[にんにく（みじん切り） … 1かけ分
　 小麦粉 … 大さじ1]
パン粉 … 大さじ3
しょうゆ … 小さじ2
バター … 50g

❶ エリンギは2cm長さに切り、マッシュルームとともにAをからめる。

❷ ①のかさを下にして耐熱容器に並べ、ちぎったバター、しょうゆ、パン粉、パセリの順に散らす。

❸ オーブントースターでこんがり焼き色がつくまで12～13分焼く。

エリンギのカレーマヨ炒め

材料（2人分）
エリンギ … 2本
にんにく … 1/2かけ
A[マヨネーズ … 小さじ1
　 カレー粉 … 少々]
塩 … 少々
サラダ油 … 大さじ1

❶ エリンギは縦半分に切り、さらに食べやすく裂く。にんにくは薄切りにする。

❷ フライパンにサラダ油とにんにくを熱し、香りが立ったらエリンギを加えて炒める。焼き色がついたらAを加えて炒め合わせ、塩で味を調える。

しいたけの ピリ辛チーズ焼き

材料 (2人分)
生しいたけ … 4枚
ピザ用チーズ … 20g
パセリ(みじん切り) … 少々
A [にんにく(すりおろし) … 小さじ1/4
    ラー油 … 大さじ1]
パン粉 … 大さじ2

❶ しいたけは軸をとり、かさの内側にAを塗り、チーズとパン粉を散らす。

❷ オーブントースターで焼き色がつくまで3～4分焼き、器に盛ってパセリをのせる。

ミックスきのこの バターポン酢炒め

材料 (2人分)
きのこ(好みで2～3種) … 合わせて180g
ベーコン … 2枚
ポン酢しょうゆ … 大さじ1
塩・こしょう … 各少々
バター … 10g

❶ きのこはそれぞれ食べやすく切る。ベーコンは1cm幅に切る。

❷ フライパンにバターを熱して①を炒め、火が通ったらポン酢をふって混ぜ、塩とこしょうで味を調える。

まいたけの ブルーチーズ焼き

材料 (2人分)
まいたけ … 1パック
ブルーチーズ … 30g

❶ まいたけは食べやすく手で裂き、耐熱容器に並べる。

❷ ブルーチーズをちぎってのせ、オーブントースターで3分焼く。

035

キムチ

キムチラスクカナッペ

材料（2人分）
白菜キムチ … 適量
ラスク（プレーン） … 6枚
ごま油 … 少々

❶ キムチは粗く刻み、ごま油を加え混ぜ、ラスクにのせる。

ピリ辛ポテトサラダ

材料（2人分）
白菜キムチ … 30g
フライドポテト（冷凍） … 80g
細ねぎ（小口切り） … 適量
マヨネーズ … 大さじ1

❶ キムチはひと口大に切る。フライドポテトは耐熱皿に並べ、ラップをかけずに電子レンジで2分加熱し、1本を2〜3等分に切る。

❷ ①とマヨネーズを混ぜ合わせ、器に盛り、細ねぎを散らす。

たことセロリのキムチあえ

材料（2人分）
白菜キムチ … 60g
ゆでだこ（足）… 60g
セロリ … 5cm
白いりごま … 小さじ1/2
しょうが（せん切り）… 1/2かけ分
ごま油 … 小さじ1

❶ キムチはひと口大に切る。たこはひと口大のそぎ切りに、セロリは筋をとって斜め切りにする。

❷ ①、白ごま、ごま油を混ぜ合わせて器に盛り、しょうがをのせる。

キムチとじゃがいものチヂミ

材料（2人分）
白菜キムチ（粗いみじん切り）… 40g
じゃがいも … 2個
白いりごま … 小さじ1
A［小麦粉 … 大さじ2
　 塩 … 小さじ1/3］
サラダ油 … 小さじ2

❶ じゃがいもはすりおろし、すぐにAを加えて混ぜ合わせる。

❷ フライパンにサラダ油小さじ1を熱し、①の半量を流し入れる。キムチと白ごまの半量をのせ、弱火にして両面を焼く。残りも同様に焼く。

Column

かんたんカクテル④

日本酒ジンジャーエール

材料（2人分）
日本酒 … 1/4カップ
ジンジャーエール … 1カップ
氷 … 適量
粗びき黒こしょう（好みで）… 少々

① グラスに氷を入れ、日本酒とジンジャーエールを注いで混ぜる。黒こしょうをふる。

キャベツ

クミンキャベツ

材料（2人分）
キャベツ … 3枚
A ［オリーブオイル … 大さじ1
　　塩 … 少々
B ［クミンシード・白いりごま … 各小さじ1/2

❶ キャベツは食べやすくちぎり、ボウルに入れる。Aを順に加えて手でもむようにあえ、Bを加えてさっくりと混ぜる。

キャベツとツナのカレーサラダ

材料（2人分）
キャベツ … 3枚
ツナ缶（フレーク）… 1/2缶（40g）
A ［マヨネーズ … 大さじ1
　　カレー粉 … 小さじ1
　　塩・こしょう … 各少々

❶ キャベツは2cm幅に切ってラップに包み、電子レンジで1分半加熱し、水けをきる。

❷ Aをよく混ぜ、①と缶汁をきったツナを加え混ぜる。

キャベツと
ツナの梅あえ

材料（2人分）
キャベツ … 3枚
カリカリ梅 … 2個
ツナ缶（フレーク）… 1/2缶（40g）
塩・こしょう・ごま油 … 各少々

❶ キャベツはひと口大に切り、ラップに包んで電子レンジで2分加熱し、粗熱がとれたら水けを絞る。梅は種をとって粗く刻む。

❷ ①と缶汁をきったツナを混ぜ、塩とこしょうで味を調える。器に盛り、ごま油をたらす。

春キャベツの
コチュマヨディップ添え

材料（2人分）
春キャベツ … 1/8個
A ┃ マヨネーズ … 大さじ2
　┃ プレーンヨーグルト（無糖）
　┃ 　… 大さじ1
　┃ はちみつ・コチュジャン
　┃ 　… 各小さじ1

❶ Aはよく混ぜる。キャベツはざく切りにして器に盛り、Aをつけていただく。

Column

かんたん
カクテル ⑤

オレンジビール

材料（2人分）
オレンジジュース … 1カップ
ビール … 1カップ
氷 … 適量

① グラスに氷を入れ、オレンジジュース、ビールの順に注ぐ。

きゅうり

きゅうりとしらすの
ガーリック炒め

材料（2人分）
きゅうり … 1本
長ねぎ … 30g
しらす … 20g
にんにく … 1/2かけ
酒 … 小さじ1
塩・こしょう … 各少々
サラダ油 … 小さじ2

❶ きゅうりは縦半分に切ってから斜め切りにする。長ねぎは斜め切りにする。にんにくはみじん切りにする。

❷ フライパンにサラダ油とにんにくを中火で熱し、香りが立ったら長ねぎを加えて炒める。全体に油がまわったら、きゅうりとしらすを加えて炒め合わせる。酒をふり、塩とこしょうで味を調える。

きゅうりと玉ねぎの
ヨーグルトミントサラダ

材料 (2人分)

きゅうり … 2本 (200g)
玉ねぎ … 1/6個 (30g)
ミントの葉 … 20枚
クミンシード … 小さじ1/2
プレーンヨーグルト (無糖)
　… 大さじ3
塩 … 小さじ1/2
サラダ油 … 大さじ1

❶ きゅうりは塩適量 (分量外) をふって板ずりしてから薄い小口切りにする。玉ねぎは薄切りにする。

❷ ミントの葉とクミンシードは合わせて粗く刻み、塩、ヨーグルト、サラダ油の順に混ぜる。

❸ ②に①を加えてよく混ぜる。

きゅうりの
バンバンジー風

材料 (2人分)

きゅうり … 1本
長ねぎ (白髪ねぎ) … 3cm分

A ┌ 白練りごま … 大さじ1/2
　│ にんにく (すりおろし)・しょうが (すりおろし)
　│ 　… 各少々
　│ しょうゆ・酢 … 各大さじ1
　│ 砂糖 … 小さじ1/2
　└ ラー油 … 少々

❶ きゅうりは3cm長さの細切りにする。

❷ 器に盛ってよく混ぜ合わせた**A**をかけ、白髪ねぎをのせる。

餃子の皮

シンプル パリパリ せんべい

材料 （2人分）
餃子の皮 … 8枚
好みのフレーバー
　（粉チーズ、青のり、カレー粉、
　しょうゆ、砂糖、白いりごまなど）
　… 各適量
オリーブオイル … 大さじ1

❶ 餃子の皮にオリーブオイルを塗り、好みのフレーバーをふって、オーブントースターで3〜4分焼く。

材料 （2人分）
餃子の皮 … 5枚
ソーセージ … 1本
ホールコーン缶 … 大さじ1
ピザ用チーズ … 大さじ2
トマトケチャップ … 小さじ1

❶ ソーセージは輪切りにする。
❷ オーブントースターの天板に餃子の皮を花形に並べ、トマトケチャップを塗り、①と缶汁をきったコーンをのせ、チーズを散らす。オーブントースターで4〜5分焼く。

クリスピーピザ

切り干し大根と
ゆかりのマヨ炒め

材料（2人分）
切り干し大根 … 20g
マヨネーズ … 大さじ2
ゆかり … 大さじ1/2

❶ 切り干し大根はもどし、水けをよくきって食べやすく切る。

❷ フライパンにマヨネーズを熱し、①を炒める。ゆかりを加え、さっと炒め合わせる。

> 切り干し大根

材料（2人分）
切り干し大根 … 20g
ツナ缶（フレーク）… 1/2缶（40g）
にんじん … 1/2本
塩・こしょう … 各少々
サラダ油 … 小さじ1

❶ 切り干し大根はもどし、水けをよくきって食べやすく切る。ツナは缶汁をきる。にんじんはせん切りにする。

❷ フライパンにサラダ油を熱し、にんじんを炒める。火が通ったら切り干し大根とツナを加えて軽く炒め、塩とこしょうで味を調える。

切り干し大根と
ツナの炒めもの

Column

かんたん
カクテル ⑥

ゆず茶ホットワイン

材料（2人分）
ゆず茶（市販）… 大さじ5
しょうが（薄切り）… 2枚
白ワイン（または赤ワイン）
　… 1カップ

① 耐熱グラスにすべての材料を等分に入れ、ラップをかけずに電子レンジで1分半〜2分加熱する。

ゴーヤー

ゴーヤーのおひたし風

材料（2人分）
ゴーヤー … 1/2本
長ねぎ（白髪ねぎ）… 3cm分
白いりごま … 小さじ1
梅じそドレッシング（下記参照）
　… 大さじ2

❶ ゴーヤーは縦半分に切り、種とワタをとって薄切りにし、塩小さじ1（分量外）を入れた熱湯でさっとゆでて水けをきる。

❷ 器に盛って白髪ねぎをのせ、ドレッシングと白ごまを混ぜ合わせてかける。

梅じそドレッシング　いろんな野菜に合うドレッシング。残ったぶんは冷蔵室で3〜4日保存可能。

梅干し3個は種をとって果肉を細かくたたき、青じそ2枚は粗いみじん切りにする。サラダ油大さじ3、みりん大さじ2、しょうゆ大さじ1をよく混ぜ、梅干しと青じそを加えて混ぜ合わせる。

ゴーヤーとツナの炒め煮

材料（2人分）
ゴーヤー … 1/4本
ツナ缶（フレーク）… 1/2缶（40g）
A［ 酒・だし汁 … 各大さじ1
　　砂糖 … 大さじ1/2
塩・こしょう … 各少々
ごま油 … 小さじ1

❶ ゴーヤーは縦半分に切り、種とワタをとって薄切りにし、塩小さじ1（分量外）を入れた熱湯でさっとゆでて水けをきる。

❷ フライパンにごま油を熱して①を炒め、しんなりしてきたら缶汁をきったツナとAを加えて炒め合わせ、塩とこしょうで味を調える。

ゴーヤーのみそ焼き

材料（2人分）
ゴーヤー … 1/2本
A［ みそ … 大さじ1と1/2
　　みりん … 小さじ1 ］

① ゴーヤーは縦半分に切り、種とワタをとる。

② Aをよく混ぜ、①の内側に薄く塗る。魚焼きグリルで4分焼き、食べやすく切る。

> コーン缶

焦がしコーンの
バターソテー

材料（2人分）
ホールコーン缶 … 1缶（130g）
しょうゆ … 小さじ1/3
バター … 10g

① フライパンを中火で熱し、バターの半量を溶かして缶汁をきったコーンをこんがりと焼く。
② 仕上げに残りのバターとしょうゆを加えてからめる。

コーンと香菜のサラダ

材料（2人分）
ホールコーン缶 … 1缶（130g）
きゅうり … 1本
香菜（みじん切り）… 2株分
香菜の葉（飾り用）… 少々
A［
　クミンパウダー … 小さじ1/2
　白ワインビネガー・オリーブオイル
　　… 各大さじ1/2
　塩 … 小さじ1/3
　こしょう … 少々
］

① きゅうりは縦4つ割りにし、1cm幅に切る。
② Aを混ぜ、缶汁をきったコーン、①、みじん切りにした香菜を加えてあえる。器に盛り、飾り用の香菜をのせる。

コーンとザーサイ、長ねぎのラー油あえ

材料 （2人分）
ホールコーン缶 … 1缶（130g）
味つきザーサイ … 30g
長ねぎ（白い部分）… 1/2本
ラー油 … 小さじ1

❶ ザーサイはせん切りにする。長ねぎは4〜5cm長さのせん切りにし、水にさらして水けをきる。

❷ 缶汁をきったコーン、①、ラー油をあえる。

コーンのナムルとベビーリーフ

材料 （2人分）
ホールコーン缶 … 1缶（130g）
ベビーリーフ … 1パック
A ┌ にんにく（すりおろし）… 少々
  │ ごま油 … 小さじ1
  │ 塩 … 小さじ1/4
  └ 一味唐辛子 … 少々
一味唐辛子（好みで）… 少々

❶ 缶汁をきったコーンとAをあえる。

❷ 器にベビーリーフを広げ、①を盛って一味唐辛子をふる。

ごぼう

ごぼうのハーブきんぴら

材料（2人分）
ごぼう … 1本（150g）
パプリカ（オレンジ）… 1個（150g）
にんにく… 1/2かけ
赤唐辛子 … 1本
バジルの葉 … 10枚
A［ バルサミコ酢 … 大さじ2
　　塩 … 小さじ1 ］
オリーブオイル … 大さじ2

❶ ごぼうはよく洗って5cm長さの細めの乱切りにし、水に5分さらす。パプリカは太めのせん切りに、にんにくは薄切りにする。赤唐辛子は半分にちぎって種をとり、さらにちぎる。

❷ フライパンにオリーブオイルを中火で熱し、にんにくと水けをきったごぼうを3分炒め、油がまわったらパプリカを加えて1分炒め合わせる。

❸ 赤唐辛子とAを加えて強火で3〜4分炒め煮にし、汁けがなくなったら火を止める。ちぎったバジルの葉を加えてひと混ぜする。

ごぼうの マヨサラダ

材料（2人分）
ごぼう … 1本
A ┌ 白すりごま … 大さじ1
　├ マヨネーズ … 大さじ2
　└ しょうゆ … 小さじ1

❶ ごぼうはよく洗って5cm長さの細切りにし、2分ゆでて水けをよくきる。

❷ Aをよく混ぜ、①を加えてあえる。

ごぼうの ごまみそがけ

材料（2人分）
ごぼう … 1本
A ┌ 白すりごま … 小さじ2
　├ みりん … 大さじ1
　├ みそ … 小さじ2
　└ 豆板醤 … 少々

❶ ごぼうはよく洗って5cm長さに切り、縦4〜6つ割りにして4分ゆで、水けをきって器に盛る。

❷ 耐熱ボウルにAを合わせ、ラップをかけて電子レンジで30秒加熱して混ぜ、①にかける。

たたきごぼうの 南蛮漬け

材料（2人分）
ごぼう … 1本
A ┌ 赤唐辛子（小口切り）… 少々
　├ だし汁 … 大さじ2
　├ しょうゆ … 大さじ1と1/2
　├ 酢 … 大さじ1
　└ 砂糖 … 大さじ1/2

❶ ごぼうはよく洗ってめん棒でたたき、食べやすく切って3〜4分ゆで、水けをきる。

❷ 耐熱ボウルにAを合わせ、ラップをかけて電子レンジで1分加熱して混ぜる。①を漬けて冷蔵室でひと晩なじませる。

> 小松菜

小松菜の鮭フレーク炒め

材料 （2人分）
小松菜 … 1/2束
鮭フレーク（びん詰）… 大さじ2
塩・こしょう … 各少々
バター … 10g

❶ 小松菜はさっとゆでて冷水にとり、水けを絞って4cm長さに切る。
❷ フライパンにバターを熱し、①を炒める。鮭フレークを加えて炒め合わせ、塩とこしょうで味を調える。

小松菜とえのきのおひたし

材料 （2人分）
小松菜 … 1/3束
えのきたけ … 1/3袋
A［だし汁 … 1/4カップ
　しょうゆ・みりん … 各小さじ2］

❶ 小松菜はさっとゆでて冷水にとり、水けを絞って3cm長さに切る。えのきたけは石づきを落とし、長さを半分に切ってさっとゆで、水けをよくきる。
❷ Aを混ぜ合わせ、①を加えて5〜10分なじませる。

ピリ辛こんにゃく

材料（2人分）
こんにゃく（あく抜き済み）
　… 1/2枚（125g）
A ┌ 酒 … 大さじ1
　│ みりん … 大さじ1/2
　│ しょうゆ … 小さじ1
　└ 砂糖 … 小さじ1/2
七味唐辛子 … 適量
ごま油 … 小さじ1

❶ こんにゃくはひと口大にちぎる。
❷ フライパンにごま油を熱して①を炒め、水分がとんだら混ぜ合わせたAを加え、からめる。器に盛り、七味唐辛子をふる。

こんにゃく

糸こんにゃくのソース炒め

材料（2人分）
糸こんにゃく（あく抜き済み）… 1袋（100g）
削り節・青のり … 各少々
中濃ソース … 大さじ2
塩・こしょう … 各少々
サラダ油 … 小さじ2

❶ 糸こんにゃくはキッチンばさみで食べやすく切る。
❷ フライパンにサラダ油を熱して①を炒める。油がまわったらソースを加えてさっと炒め、塩とこしょうで味を調える。器に盛り、削り節と青のりを散らす。

Column

かんたんカクテル⑦

トマトバジルチューハイ

材料（2人分）
ミニトマト … 6個
バジルの葉 … 6枚
レモン … 適量
焼酎 … 1/2カップ
砂糖 … 大さじ1
炭酸水 … 1カップ

① グラスにミニトマト、バジルの葉、焼酎、砂糖を入れてマドラーでつぶし、冷えた炭酸水を注ぐ。レモンを絞っていただく。

051

コンビーフ缶

レタスの
コンビーフ
炒めがけ

材料 （2人分）
コンビーフ缶 … 1缶（100g）
レタス（ざく切り）… 1/2個分
レモン（半月切り）… 1枚
白ワイン … 大さじ1
塩・こしょう … 各少々

❶ フライパンを中火で熱し、コンビーフをちぎって入れ、焼きつけるように炒める。白ワインをふって炒め、アルコールをとばして塩とこしょうをふる。

❷ 器にレタスを盛り、①をかけてレモンを添える。

コンビーフと
トマトの
マヨあえ

材料 （2人分）
コンビーフ缶 … 1缶（100g）
トマト（くし形切り）… 1個分
紫玉ねぎ（薄切り）… 1/4個分
マヨネーズ … 大さじ1
レモン汁（または酢）… 小さじ1

❶ 耐熱ボウルにコンビーフを入れ、ラップをかけて電子レンジで1分加熱する。ほぐしてマヨネーズとレモン汁を加え混ぜる。

❷ トマトと紫玉ねぎを加えてあえる。

桜えびと
バジルのピザ

材料（2人分）
桜えび … 大さじ2
新玉ねぎ … 1/4個
餃子の皮 … 6枚
バジルペースト（市販）… 大さじ2
ピザ用チーズ … 30g

❶ 玉ねぎは薄切りにする。
❷ 餃子の皮にバジルペーストを塗り、①、桜えび、チーズをのせ、オーブントースターでチーズが溶けるまで3〜4分焼く。

桜えびと
大根の
サラダ風ナムル

材料（2人分）
桜えび … 大さじ2
大根 … 4cm（120g）
A ┌ 白いりごま … 小さじ1
  │ ごま油 … 小さじ1/2
  └ 塩 … 小さじ1/4

❶ 大根はせん切りにし、桜えびとAを加えてよく混ぜ合わせる。

鮭缶

キャベツ入り ちゃんちゃん焼き

材料 (2人分)

- 鮭水煮缶 … 1缶 (180g)
- キャベツ (ざく切り) … 4枚分 (200g)
- 玉ねぎ (5mm幅のくし形切り) … 1/2個分
- もやし … 1/2袋
- A [にんにく (すりおろし) … 1かけ分
      みそ … 大さじ2
      酒・みりん … 各大さじ1]
- 一味唐辛子 … 少々
- バター … 10g

❶ フライパンにキャベツ、玉ねぎ、もやし、鮭水煮を缶汁ごと順に重ね入れ、混ぜ合わせたAを加える。ふたをして熱し、蒸気が上がったら中火にし、6〜7分蒸し煮にする。

❷ 器に盛り、バターをのせて一味唐辛子をふり、混ぜながら食べる。

鮭とれんこんの甘辛炒め

材料 (2人分)

- 鮭水煮缶 … 1缶 (180g)
- れんこん … 1節 (150g)
- にんにく (みじん切り)・しょうが (みじん切り) … 各1かけ分
- A [しょうゆ・酒 … 各小さじ2
      砂糖 … 小さじ1]
- 豆板醤 … 小さじ1/2
- サラダ油 … 小さじ3

❶ れんこんは7〜8mm幅の輪切りにする。

❷ フライパンにサラダ油小さじ2を中火で熱し、①をこんがりと炒める。サラダ油小さじ1を足し、にんにく、しょうが、豆板醤を加えて炒める。香りが立ったら缶汁をきった鮭水煮を加え、ざっとほぐしながらひと炒めしてAを加え混ぜる。

ベトナム風刺身サラダ

材料（2人分）
刺身（鯛、すずき、あじなど）… 150g
玉ねぎ … 1/4個
しょうが（せん切り）… 1/2かけ分
青じそ … 5枚
細ねぎ（小口切り）… 2本分
サニーレタス・香菜・白いりごま
　… 各適量
A ┌ レモン汁 … 1/4個分
　│ 水・ナンプラー・砂糖
　│ 　… 各小さじ2
　└ 豆板醤 … 小さじ1/2

刺身

❶ 刺身は薄いそぎ切りにする。
❷ 玉ねぎは薄切りにし、しょうがとともに水に5分さらし、水けをきる。青じそは食べやすくちぎる。
❸ ボウルに①、②、細ねぎを入れ、混ぜ合わせたAを加えてさっくり混ぜる。
❹ 器にサニーレタスを敷いて③を盛り、刻んだ香菜をのせて白ごまをふる。

材料（2人分）
鯛（刺身用）… 1さく（150g）
紫玉ねぎ … 1/6個（30g）
セロリ … 1/3本（30g）
セロリの葉 … 適量
A ┌ セロリ（すりおろし）… 大さじ1
　│ オリーブオイル … 大さじ3
　│ オレンジジュース … 大さじ2
　│ 酢 … 大さじ1
　│ 塩 … 小さじ1/2〜
　└ チリペッパー … 少々
粗びき黒こしょう … 適量

❶ 鯛は薄いそぎ切りにする。紫玉ねぎと筋をとったセロリは1cm角に切る。
❷ Aを混ぜ、①を加えてあえる。
❸ 器に盛ってちぎったセロリの葉を散らし、黒こしょうをふる。

白身魚と角切り野菜のセビーチェ

刺身

かつおのたたき ガーリックソース カルパッチョ

材料（2人分）
かつお（刺身用）… 1さく（150〜200g）
サラダほうれん草 … 1/2束（30g）
A [にんにく（粗いみじん切り）… 1/2かけ分
しょうゆ・酢 … 各大さじ1
オイスターソース・ごま油 … 各小さじ2
砂糖 … 小さじ1]
サラダ油 … 小さじ1

❶ フライパンにサラダ油を強火で熱し、かつおの表面を10〜15秒ずつ焼き、冷蔵室で冷やす。
❷ サラダほうれん草は5cm長さに切る。Aはよく混ぜる。
❸ ①を5mm厚さのそぎ切りにして器に並べ、サラダほうれん草をのせて、Aをかける。

材料（2人分）
ほたて貝柱（刺身用）
　… 4〜6個（150g）
ミディトマト … 2個
レモン（くし形切り）… 適量
A [長ねぎ（みじん切り）
　… 1/3本分（30g）
白すりごま … 小さじ1/2
ごま油 … 大さじ1/2
塩 … 小さじ1/3
こしょう … 小さじ1/8]

❶ ほたて貝柱は5mm厚さのそぎ切りに、ミディトマトは5mm幅の輪切りにする。
❷ Aは手でもみ混ぜ、水けが出るまで10分おく。
❸ 器に①を交互に並べて②をかけ、レモンを絞っていただく。

ほたてのねぎ塩 カルパッチョ

さつまいもチップス

材料（2人分）
さつまいも … 1/3本（100g）
チリペッパー … 少々
塩 … 少々

❶ さつまいもは皮つきのままスライサーで薄い輪切りにし、水にさらして水けをよくきる。

❷ 耐熱皿にペーパータオルを敷き、①を並べて塩をふり、ラップをかけずに電子レンジで4分加熱する。パリッとしたら器に盛り、チリペッパーをふる。

さつまいも

さつまいものレモン煮

材料（2人分）
さつまいも … 1/3本（100g）
A ┌ 水 … 1/2カップ
  │ はちみつ … 大さじ2
  └ レモン汁 … 小さじ2

❶ さつまいもは皮つきのまま1cm幅の輪切りにし、水にさらして水けをよくきり、ラップに包んで電子レンジで1分半加熱する。

❷ 鍋に①とAを入れて熱し、煮立ったら火を止め、15分おいてなじませる。

Column

野菜の保存法①

［ほうれん草］

根元に十字の切り込みを入れ、フライパンに茎と葉を交互にして並べ入れる。1束につき水1/3カップをふって火にかけ、ふたをして1分蒸す。冷水にとって冷まし、水けを絞って食べやすく切り、保存容器に入れて冷蔵保存する。保存の目安は4〜5日。

さば缶

さばみそとかぶのさっと煮

材料 （2人分）
さばみそ煮缶 … 1缶（150g）
かぶ … 2個
かぶ（茎）… 50g
酒 … 大さじ2
しょうゆ … 大さじ1/2

❶ かぶは横に1cm幅に切る。茎はさっとゆでて水にとり、水けを絞って4cm長さに切る。

❷ 鍋に酒、水1カップ、かぶを入れて熱し、中火にしてふたをし、5分煮る。しょうゆとさばみそ煮を缶汁ごと加え、2〜3分煮る。器に盛り、かぶの茎を添える。

さばみそのトマト煮

材料 （2人分）
さばみそ煮缶 … 1缶（150g）
玉ねぎ（みじん切り）… 1/2個分
トマト（粗いみじん切り）… 2個分
にんにく（たたきつぶす）… 1かけ分
白ワイン … 大さじ2
塩 … 小さじ1/3
こしょう … 少々
粗びき黒こしょう … 少々
オリーブオイル … 大さじ1

❶ 鍋にオリーブオイルとにんにくを弱火で熱し、香りが立ったら玉ねぎを加えてしんなりするまで炒める。

❷ さばみそ煮を缶汁ごと加え、トマトと白ワインも加えて10分煮て、塩とこしょうを加え混ぜる。器に盛り、黒こしょうをふる。

さんま缶

材料（2人分）
さんまかば焼き缶 … 1缶（100g）
A ┃ 青のり … 小さじ1/2
  ┃ 水 … 大さじ1
  ┃ マヨネーズ … 大さじ1/2
小麦粉 … 大さじ2
揚げ油 … 適量

❶ Aをよく混ぜて、小麦粉を加えてさらに混ぜる。
❷ さんまかば焼きは缶汁をきって①をからめ、高温（180℃）に熱した揚げ油でカリッと揚げる。

さんまの磯辺揚げ

材料（4人分）
さんまかば焼き缶 … 1缶（100g）
米 … 2合
しょうが … 2かけ
酒 … 大さじ2
塩 … 小さじ1/2

❶ 米は洗って炊飯器の内釜に入れ、水360mlと酒を加えて30分おく。しょうがはせん切りにし、さっと水で洗う。
❷ 米に塩を加え混ぜる。さんまかば焼きを缶汁ごとのせ、しょうがものせて普通に炊く。

さんまとしょうがの炊き込みご飯

しば漬け

しば漬けポテトサラダ

材料（2人分）
しば漬け（粗いみじん切り）… 大さじ2
じゃがいも（男爵やキタアカリなど）… 2個
細ねぎ（小口切り）… 2本分
A ┌ マヨネーズ … 大さじ2
　│ しょうゆ … 小さじ1/2
　│ 練りがらし … 小さじ1/3
　└ 粗びき黒こしょう … 適量

❶ 鍋にじゃがいもとかぶるくらいの水を入れて強火で熱し、沸騰したらごく弱火にして竹串がスッと通るくらいまでゆでる。

❷ 熱いうちに皮をむき、適当な大きさに切ってボウルに入れ、すりこぎやフォークの背などで粗めにつぶし、そのまま冷ます。

❸ ②に合わせたAを加え混ぜ、汁けを絞ったしば漬けと細ねぎを加え、さっくりと混ぜる。

しば漬けのクリームディップ

材料 (2人分)
しば漬け … 30g
チコリー … 4枚
A [クリームチーズ(常温にもどす) … 30g
マヨネーズ … 小さじ1]

❶ しば漬けは粗いみじん切りにし、Aとよく混ぜ合わせる。チコリーにのせていただく。

材料 (2人分)
しば漬け … 40g
納豆 … 2パック
納豆に付属のたれ … 2袋
うずらの卵(卵黄) … 2個分

❶ しば漬けは粗いみじん切りにする。
❷ 納豆に①と付属のたれを加え混ぜる。器に盛り、うずらの卵をのせ、混ぜていただく。

しば漬け納豆

しば漬けと長いものサラダ

材料 (2人分)
しば漬け … 30g
長いも … 6cm(100g)
貝割れ … 1/4パック
ポン酢しょうゆ … 適量

❶ しば漬けは粗いみじん切りに、長いもは3cm長さの細切りにする。貝割れは根元を切る。
❷ ①を混ぜ合わせて器に盛り、ポン酢をかけていただく。

じゃがいも

じゃがたらバター炒め

材料 （2人分）
じゃがいも（メークイン）… 2個
たらこ … 1/2腹
A［ バター … 10g
　 しょうゆ … 小さじ1/4 ］
レモン汁 … 1/4個分
青じそ・粗びき黒こしょう … 各適量
サラダ油 … 大さじ1

❶ じゃがいもは3mm角の棒状に切り、軽く水にさらして水けをきる。たらこはスプーンなどで中身をしごき出す。

❷ フライパンにサラダ油を熱し、強火でじゃがいもを炒める。焼き色がついたら、たらこを加えて炒め合わせ、Aを加えて全体にからめる。

❸ 火を止めてレモン汁を加え混ぜ、器に盛る。ちぎった青じそをのせ、黒こしょうをふる。

ごまドレジャーマンポテト

材料 （2人分）
じゃがいも … 1個
ベーコン … 1枚
玉ねぎ … 1/4個
A［ ごまドレッシング（市販）… 大さじ1
　 しょうゆ … 小さじ1/2 ］
塩・こしょう … 各少々
バター … 10g

❶ じゃがいもは細切りにする。ベーコンは1cm幅に切る。玉ねぎは薄切りにする。

❷ フライパンにバターを熱して①を入れ、塩とこしょうをふって炒める。じゃがいもが透き通ってきたらAを加え、炒め合わせる。

じゃがいもの ガーリック マヨサラダ

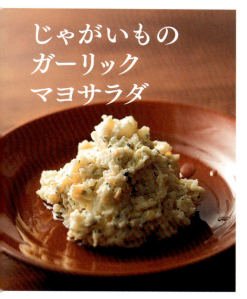

材料（2人分）
じゃがいも … 2個（300g）
A [にんにく（みじん切り）… 1〜2かけ分
    オリーブオイル … 大さじ3
B [パセリ（みじん切り）… 大さじ1
    塩 … 小さじ1/2
    こしょう … 少々
C [マヨネーズ … 大さじ4
    酢 … 小さじ1〜

❶ じゃがいもは3cm角に切り、かぶるくらいの水とともに鍋に入れ、やわらかくなるまでゆでる。湯を捨てて再び中火で熱し、鍋を揺すって粉をふかせる。

❷ すぐにボウルに入れ、熱いうちにフォークなどで細かくつぶす。

❸ フライパンにAを入れて中火で熱し、にんにくが色づいたら火を止める。Bを混ぜ、熱いうちに②に加えてからめ、粗熱がとれたらCを加え混ぜる。

材料（作りやすい分量）
じゃがいも … 2個（300g）
玉ねぎ … 1/4個（50g）
卵 … 4個
にんにく … 1〜2かけ
焼きのり（全形）… 2枚
塩 … 小さじ2/3
オリーブオイル … 大さじ3

❶ じゃがいもは1.5cm角に切る。玉ねぎは薄切りに、にんにくはみじん切りにする。

❷ 直径20cmほどのフライパンにオリーブオイルを中火で熱し、じゃがいもを5〜6分炒めて塩をふる。玉ねぎとにんにくを加えて3〜4分炒め、ちぎったのりを散らしてさっと混ぜる。

❸ ②に割りほぐした卵をまわし入れ、周囲が固まり始めたら手早く10回ほど混ぜ、丸く形を整える。

❹ そのまま1分焼いて裏返し、形を整えながら弱火で4〜5分焼く。

じゃがいもと のりの フリッタータ

おろしじゃがいもと
コーンのパンケーキ

材料（6枚分）
じゃがいも … 2個
ホールコーン缶 … 1缶（130g）
卵 … 1個
粒マスタード … 適量
塩 … 小さじ1/3
こしょう … 少々
小麦粉 … 大さじ3
オリーブオイル … 適量

❶ じゃがいもはすりおろしてざるに入れ、軽く汁けをきる。

❷ 缶汁をきったコーン、①、卵、塩、こしょう、小麦粉を泡立て器で混ぜる。

❸ フライパンにオリーブオイル大さじ1を中火で熱し、②を直径8cmほどに流し入れ、5〜6分かけて両面を焼く。残りもオリーブオイル適量を足しながら同様に焼く。器に盛り、粒マスタードを添える。

材料（2人分）
じゃがいも … 1個
A [溶き卵 … 1/2個分
　　パセリ（みじん切り）… 小さじ1
　　小麦粉 … 大さじ3
　　水 … 大さじ2]
塩 … 少々
ごま油 … 大さじ1

じゃがいもと
パセリのピカタ

❶ じゃがいもは4cm長さの細切りにし、Aを加えてよく混ぜ合わせる。

❷ フライパンにごま油を熱し、①を1/6量ずつスプーンで落とし、それぞれ両面を色よく焼いて塩をふる。

青のり
サイコロラスク

材料（2人分）
食パン（6枚切り）… 1枚
青のり … 適量
塩 … 適量
オリーブオイル … 大さじ1と1/2

❶ 食パンは2cm角に切る。
❷ フライパンにオリーブオイルを中火で熱し、①をカリカリになるまで焼き、青のりと塩をまぶす。

食パン

三角カナッペ
さばみそカレー味

材料（2～3人分）
食パン（8枚切り）… 1枚
さばみそ煮缶 … 1/2缶（80g）
玉ねぎ … 1/8個（15g）
A ┌ マヨネーズ … 大さじ2
　├ カレー粉 … 小さじ1/2
　└ 塩・こしょう … 各少々
ピンクペッパー（あれば）… 適量

❶ さばみそ煮は缶汁をきり、ペーパータオルで汁けをふき取る。玉ねぎはみじん切りにする。
❷ さばみそ煮をほぐし、玉ねぎとAを加え混ぜる。
❸ 食パンを三角形に切って軽くトーストし、②をのせてピンクペッパーを散らす。

食パン

スティック食パンの生ハム巻き

材料（2人分）
食パン（8枚切り）… 1枚
生ハム … 6枚
クリームチーズ … 大さじ4
セルフィユ（あれば）… 適量

❶ 食パンは6等分の棒状に切り、軽くトーストする。先端にクリームチーズを塗り、セルフィユをはさみながら生ハムを1枚ずつ巻く。

はんぺんのえびトースト風

材料（2人分）
食パン（8枚切り）… 1枚
はんぺん … 30g
むきえび … 40g
レモン（くし形切り）… 適量
A ┌ 青じそ（みじん切り）… 1枚分
　│ 酒・片栗粉 … 各小さじ1/2
　│ ナンプラー … 小さじ1/8
　└ 砂糖 … 少々
サラダ油 … 大さじ1

❶ ポリ袋にはんぺんとえびを入れ、めん棒でたたいて細かくし、Aを加えてもむ。
❷ 食パンに①を塗り、6等分に切る。
❸ フライパンにサラダ油を中火で熱し、②の①を塗っていない面を下にして入れ、両面を焼く。レモンを絞っていただく。

白身魚と じゃがいものサブジ

材料（2人分）
かじき … 2切れ（250g）
じゃがいも … 1個（150g）

A ┃ にんにく（みじん切り）・
　┃ 　しょうが（みじん切り） … 各1かけ分
　┃ クミンシード … 小さじ1/2

B ┃ 水 … 1/2カップ
　┃ 砂糖 … 小さじ2
　┃ 塩 … 小さじ1/2

カレー粉 … 小さじ2
塩 … 小さじ1/2
こしょう … 少々
ごま油 … 大さじ3

白身魚

❶ かじきは3等分に切り、塩とこしょうをふる。じゃがいもは皮つきのまま2.5cm角に切る。

❷ フライパンにごま油とAを中火で熱し、香りが立ったらカレー粉を加えて1分炒める。

❸ じゃがいもを加えて3分炒め、透き通ってきたらかじきを加えて1分炒める。

❹ Bを加えて煮立ったら弱火にし、ふたをして途中で上下を返しながら15分蒸し煮にする。

白身魚

鮭とコーンのアクアパッツァ

材料（2人分）
生鮭 … 2切れ
ホールコーン缶 … 1缶（130g）
ミニトマト … 12個
にんにく（みじん切り）… 2かけ分
パセリ（みじん切り）… 少々
A ┌ 塩 … 小さじ1/2
　└ こしょう … 少々
白ワイン … 大さじ2
塩・こしょう … 各適量
オリーブオイル … 大さじ1

❶ 鮭にAの塩をふり、しばらくおいて水けをふき、Aのこしょうをふる。

❷ フライパンにオリーブオイルを中火で熱し、①の両面をこんがりと焼く。

❸ にんにくを加えて炒め、香りが立ったら白ワイン、缶汁をきったコーン、ミニトマト、水1カップを加えて煮汁をかけながら3～4分煮る。最後に塩とこしょうで味を調え、パセリをふる。

材料（2人分）
かじき … 2切れ（250g）
A ┌ パセリ（みじん切り）… 大さじ2
　└ 粗びき黒こしょう … 小さじ1/2
B ┌ バルサミコ酢 … 1/4カップ
　└ 塩 … 小さじ1/2
塩 … 少々
オリーブオイル … 大さじ1
バター … 10g

❶ かじきは半分に切って塩をふり、片面にAをまぶす。

❷ フライパンにオリーブオイルを中火で熱し、①のAをまぶした面を下にして3分焼き、裏返して2分焼いて器に盛る。

❸ 余分な油をペーパータオルでふき、Bを加えて強火で2分煮立てる。ちぎったバターを加えて1分混ぜ、とろりとしたら②にかける。

白身魚のソテー バルサミコソース

スナップえんどう

スナップえんどうのミモザ風

材料（2人分）
スナップえんどう … 12本
ゆで卵（かたゆで）… 1個
ハーブソルト … 少々

❶ スナップえんどうは筋をとってさっとゆで、水けをきって斜め半分に切る。ゆで卵は白身と黄身を分けてそれぞれ粗く刻む。
❷ 器にスナップえんどうを盛ってゆで卵をのせ、ハーブソルトをふる。

スナップえんどうと笹かまぼこのみそあえ

材料（2人分）
スナップえんどう … 8本
笹かまぼこ … 2枚
A ┌ みそ … 小さじ2
　│ 砂糖 … 大さじ1/2
　└ 酒 … 小さじ1

❶ スナップえんどうは筋をとってさっとゆで、水けをきって斜め半分に切る。笹かまぼこは縦半分にして斜め切りにする。
❷ Aをよく混ぜ、①を加えてあえる。

スパム缶

スパムステーキ ＋粒マスタード

材料（2人分）
スパム缶 … 1/2缶（170g）
粒マスタード … 適量
サラダ油 … 少々

❶ スパムは2cm厚さに切る。
❷ フライパンにサラダ油を熱し、①の両面をこんがりと焼く。器に盛り、粒マスタードをのせる。

スパムステーキ ＋黒こしょう・バター

材料（2人分）
スパム缶 … 1/2缶（170g）
粗びき黒こしょう … 少々
サラダ油 … 少々
バター … 5g

❶ スパムは2cm厚さに切る。
❷ フライパンにサラダ油を熱し、①の両面をこんがりと焼く。器に盛り、バターをのせ、黒こしょうをふる。

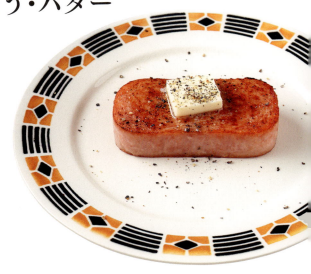

スパムカナッペ
＋ゆずこしょう

材料（2人分）
スパム缶 … 1/3缶（110g）
長ねぎ（白髪ねぎ）
　… 適量
ゆずこしょう … 適量

❶ スパムは1cm厚さのひと口サイズに切る。器に盛り、白髪ねぎとゆずこしょうをのせる。

スパムカナッペ
＋のりのつくだ煮

材料（2人分）
スパム缶 … 1/3缶（110g）
きゅうり（薄い小口切り）… 適量
のりのつくだ煮（市販）… 適量
練りわさび … 適量

❶ スパムは1cm厚さのひと口サイズに切る。器に盛り、きゅうり、のりのつくだ煮、わさびをのせる。

スパム缶

スパム入りニース風サラダ

材料（2人分）

スパム缶 … 1/2缶(170g)
いんげん … 10本
じゃがいも … 1個
ゆで卵 … 2個
サニーレタス（ひと口大にちぎる）
　… 6枚分
紫玉ねぎ（薄切り）… 1/4個分
ミディトマト（6等分のくし形切り）
　… 2個分
黒オリーブ（種抜き）… 10個
A ┌ にんにく（すりおろし）… 少々
　│ オリーブオイル … 大さじ1と1/2
　│ 白ワインビネガー … 大さじ1
　│ 粒マスタード … 大さじ1/2
　└ 塩 … 小さじ1/3

❶ スパムは7〜8mm厚さ、2cm四方に切る。いんげんは塩適量（分量外）を入れた熱湯でゆで、長さを2〜3等分に切る。じゃがいもは皮つきのまま1cm幅のいちょう切りにし、塩適量（分量外）を入れた熱湯でゆでる。ゆで卵は縦4つ割りにする。

❷ 器に①、残りの野菜、黒オリーブを盛り、混ぜ合わせたAをかける。

スパムコールスロー

材料（2人分）

スパム缶 … 1/2缶(170g)
キャベツ（太めのせん切り）
　… 6枚分（300g）
玉ねぎ（薄切り）… 1/4個分
A ┌ 白ワインビネガー・オリーブオイル
　│ 　… 各大さじ1
　└ 塩・カレー粉 … 各小さじ1/2

❶ スパムは3cm長さの拍子木切りにする。

❷ ①、キャベツ、玉ねぎ、Aを混ぜる。そのまま10分おいてなじませる。

スモークサーモンとかぶの
バジルカルパッチョ

材料（2人分）
スモークサーモン … 6枚
かぶ … 大2個（150g）
レモン（半月切り）… 適量
A ┃ 塩 … 小さじ1/2
　┃ こしょう … 少々
　┃ オリーブオイル … 大さじ2
　┃ バジルの葉（せん切り）… 6枚分

❶ かぶは皮つきのまま薄い輪切りにして器に並べ、スモークサーモンをのせる。

❷ Aを上から順にふりかけ、レモンを絞っていただく。

スモークサーモン

クリームチーズサーモンのきゅうりボート

材料（2人分）
スモークサーモン … 4枚
きゅうり … 1本
クリームチーズ（常温にもどす）… 30g
ゆずの皮（せん切り）… 少々
ゆずこしょう … 小さじ1/2

❶ きゅうりは長さを半分に切り、さらに縦半分に切って、スプーンで種をとる。

❷ スモークサーモンは5mm幅に切り、クリームチーズとゆずこしょうをよく混ぜる。

❸ ①のくぼみに②を詰めて、ゆずの皮をのせる。

材料（2人分）
スモークサーモン … 50g
トマト … 1個
大根おろし … 大さじ3
細ねぎ（斜め切り）… 1/2本分
A ［ ポン酢しょうゆ … 大さじ1
　　オリーブオイル … 小さじ1

❶ スモークサーモンとトマトはひと口大に切る。

❷ Aをよく混ぜ、①と大根おろしを加えてあえる。器に盛り、細ねぎをのせる。

サーモンとトマトのおろしあえ

サーモンとらっきょうの甘酢あえ

材料（2人分）
スモークサーモン … 50g
らっきょうの甘酢漬け … 6個
クレソン … 適量
らっきょうの漬け汁 … 大さじ1

❶ スモークサーモンはひと口大に切る。らっきょうは縦に薄切りにする。

❷ ①を合わせ、漬け汁を加えてあえ、クレソンを添える。

セロリと蒸し鶏の梅サラダ

材料（2人分）
セロリ（葉つき）… 1本
鶏もも肉 … 1/2枚（120〜150g）
A ┃ 水・酒 … 各大さじ2
　┃ 塩 … 少々
B ┃ 梅干し（種をとって包丁でたたく）… 1個分
　┃ ごま油 … 大さじ1と1/2
　┃ 酢 … 小さじ1
　┃ しょうゆ・みりん … 各小さじ1/2

> セロリ

❶ 小鍋に鶏肉とAを入れて強火で熱し、煮立ったらふたをして弱火で15分蒸し煮にする。火を止め、10分おいて余熱で火を通し、そのまま汁ごと粗熱をとる。

❷ セロリは筋をとって斜め薄切りにし、塩少々（分量外）をまぶしてしんなりさせる。葉は適量をざく切りにする。

❸ ①を薄切りにし、合わせたBを加え混ぜ、②も加えてさっくりとあえる。

材料（作りやすい分量）
セロリ … 1本（100g）
パプリカ（赤）… 1個（150g）
ズッキーニ … 1本（150g）
ベーコン … 4枚
A ┃ 水 … 1/2カップ
　┃ 塩 … 小さじ1/2
B ┃ バター … 10g
　┃ 酢 … 小さじ2
粗びき黒こしょう … 少々
サラダ油 … 大さじ1

❶ 野菜はすべて1.5cm角に、ベーコンは2cm幅に切る。

❷ 鍋にサラダ油を中火で熱してベーコンを1分炒め、野菜を加えて3分炒め合わせる。

❸ 野菜が透き通ったらAを加え、煮立ったら弱火で7〜8分煮る。仕上げにBを加えてひと混ぜし、黒こしょうをふる。

セロリとパプリカのビネガーバター煮

ソーセージ

ソーセージペッパーレモン

材料 (2人分)
ソーセージ … 6本
レモン（くし形切り）… 適量
粗びき黒こしょう … 適量
サラダ油 … 小さじ1

❶ ソーセージは、斜めに数本の切り込みを入れる。
❷ フライパンにサラダ油を熱し、強火で①を転がしながら焼く。こんがりと焼き色がついたら器に盛り、黒こしょうをたっぷりふって、レモンを絞る。

ソーセージとミニトマトのチーズ炒め

材料 (2人分)
ソーセージ … 2本
ミニトマト … 8個
粉チーズ … 大さじ1
塩・粗びき黒こしょう … 各少々
オリーブオイル … 小さじ1

❶ ソーセージは1cm幅に、ミニトマトは縦半分に切る。
❷ フライパンにオリーブオイルを熱し、①を炒めて塩と黒こしょうで調味し、粉チーズをふってひと混ぜする。

ソーセージと
ミックスビーンズのトマトグラタン

材料（2人分）

ソーセージ … 4本
ミニトマト … 6個
ミックスビーンズ缶 … 150g
A ┌ トマトケチャップ … 大さじ3
　│ オリーブオイル・パン粉・牛乳
　│ 　… 各大さじ2
　│ 塩 … 小さじ1/2
　└ ナツメグ … 小さじ1/4
パン粉 … 1/4カップ
バター … 20g

❶ ソーセージは2cm幅に切る。ミニトマトは縦4つ割りにする。

❷ ①、ミックスビーンズ、Aを混ぜて耐熱容器に広げ、全体にパン粉を散らす。

❸ 表面にバターをちぎってのせ、オーブントースターでこんがりするまで8〜10分焼く。

077

大根

大根とハムのサラダ

材料（2人分）
大根 … 3cm
ハム（もも）… 2枚
スプラウト … 1パック
A ┌ レモン汁 … 1/4個分
  │ オリーブオイル … 大さじ1
  └ 粗びき黒こしょう … 適量

❶ 大根は皮つきのまま2mm幅の半月切りにして塩小さじ1/4（分量外）を軽く混ぜ、しんなりするまでおく。

❷ ハムは食べやすい大きさに切る。スプラウトは根元を切る。

❸ Aをよく混ぜ、①の水けを軽く絞って加え、②も加えて手であえる。

大根の照り焼き

材料（2人分）
大根 … 3cm強（100g）
貝割れ … 適量
A [しょうゆ・みりん … 各小さじ2
サラダ油 … 大さじ1

❶ 大根は棒状に切る。
❷ フライパンにサラダ油を熱して①を炒め、透き通ってきたらAを加えてからめる。器に盛り、根元を切った貝割れを添える。

大根とハムのマリネ

材料（2人分）
大根 … 5cm（150g）
ハム … 3枚
A [パセリ（みじん切り） … 小さじ1
   酢 … 大さじ2
   オリーブオイル … 大さじ1

❶ 大根は薄い半月切りにして塩小さじ1/3（分量外）をふり、しんなりしたら水けを絞る。ハムは放射状に6等分に切る。
❷ Aをよく混ぜ、①を加えて混ぜ、冷蔵室で30分なじませる。

大根とにんじんのサラダ

材料（2人分）
大根 … 4cm（120g）
にんじん … 4cm（30g）
貝割れ … 1/2パック
梅じそドレッシング（P44参照） … 適量

❶ 大根とにんじんは太めのせん切りにし、合わせて冷水にさらし、パリッとさせて水けをよくきる。
❷ 貝割れは根元を切り、①と合わせて器に盛る。ドレッシングをかけていただく。

たけのこ

たけのこの照り焼き風

材料（2人分）
- たけのこ（水煮）… 180g
- 粉山椒 … 少々
- 砂糖 … 大さじ1と1/2
- しょうゆ … 大さじ1
- 片栗粉 … 適量
- サラダ油 … 大さじ1

1. たけのこは、穂先はくし形切りに、根元は乱切りにし、水けをきって片栗粉をまぶす。
2. フライパンにサラダ油を熱して①を炒め、焼き色がついたら砂糖を加え、溶けたらしょうゆを加えてからめる。器に盛り、粉山椒をふる。

たけのこのおかか炒め

材料（2人分）
- たけのこ（水煮）… 180g
- 削り節 … 1/2パック（2〜3g）
- 黒いりごま … 大さじ1
- A［ しょうゆ・みりん … 各小さじ2
     砂糖 … 小さじ1 ］
- ごま油 … 小さじ2

1. たけのこは、穂先はくし形切りに、根元は1cm幅の半月切りにする。
2. フライパンにごま油を熱して①を炒め、焼き色がついたら混ぜ合わせたAを加えてからめ、削り節と黒ごまを加えてまぶす。

Column

野菜の保存法②

[じゃがいも]

皮つきのまま鍋に入れ、かぶるくらいの水を注いで火にかけ、竹串がスッと通る手前までゆでる。熱いうちに皮をむき、使いやすい大きさに切って、保存容器に入れて冷蔵保存する。保存の目安は4〜5日。

たこねぎサラダ

たこ

材料（2人分）
ゆでだこ（足）… 80g
細ねぎ（小口切り）… 5本分
A [にんにく（すりおろし）… 1/2かけ分
　ごま油 … 大さじ1
　塩・粗びき黒こしょう … 各少々]

❶ たこは1cm幅に切る。
❷ 器に盛って細ねぎをのせ、混ぜ合わせたAをまわしかける。

たことゴーヤーのコチュジャンあえ

材料（2人分）
ゆでだこ（足）… 90g
ゴーヤー … 10cm
A [コチュジャン … 大さじ1/2
　ごま油 … 小さじ1
　酢・砂糖 … 各小さじ1/2
　しょうゆ … 小さじ1/4]

❶ たこは乱切りにする。ゴーヤーは縦半分に切って種とワタをとり、3mm幅に切る。さっとゆでてざるに上げ、流水にさらして水けをしっかりきる。
❷ Aを混ぜ合わせ、①を加えてよくあえる。

卵黄のみそ漬け

卵

材料（4個分）
卵 … 4個
A [みそ … 1カップ
　　酒 … 大さじ3]

❶ Aはよく混ぜ合わせる。

❷ 卵黄が4つ並ぶ大きさの保存容器に、2cm高さまで①を敷き詰め、ガーゼを1枚のせる。ガーゼの上から卵を殻ごと押しつけて丸いくぼみを作る。器に卵を1個ずつそっと割り入れて卵黄を取り分け、くぼみに入れる。

❸ 別のガーゼに残りの①を薄く塗り広げ、卵黄にそっとかぶせてふたをし、冷蔵室で1〜2日なじませる。

冷凍卵黄

材料（2個分）
卵黄 … 2個分
練りわさび・しょうゆ … 各適量

❶ バットにアルミホイルを敷いて卵黄を並べ、冷凍室で半日凍らせる。

❷ 器に盛ってわさびを添え、しょうゆをかけていただく。

おそば屋さん風卵焼き

材料（作りやすい分量）
卵 … 3個
A ［みりん・しょうゆ … 各大さじ1
　砂糖 … 小さじ2］
サラダ油 … 適量

❶ 卵は割りほぐし、Aを加え混ぜる。

❷ 直径22cmほどのフライパンを中火で熱し、サラダ油をペーパータオルに吸わせて薄く塗る。①の1/3量を流し入れて手早く広げ、表面が乾く前に奥から手前に巻く。

❸ ②を奥側に寄せ、再びフライパンにサラダ油を塗って同量の卵液を流し入れ、全体に広げる。寄せた卵を少し持ち上げて卵液を下まで流し込み、同様に巻く。これを再び繰り返す。

❹ まな板にのせ、ペーパータオルをかぶせて形を整え、少しおいてから切り分ける。

材料（2人分）
卵 … 2個
玉ねぎ … 1/4個
ミニトマト … 4個
細ねぎ … 2本
香菜 … 適量
A ［砂糖・レモン汁 … 各大さじ1
　ナンプラー … 小さじ2］
サラダ油 … 適量

❶ 玉ねぎは薄切りにし、水に5分さらして水けをきる。ミニトマトは半分に、細ねぎと香菜は1cm幅に切る。

❷ 器に卵をそっと割り入れる。フライパンに1cmほどサラダ油を注いで中温（170℃）に熱し、卵を静かに落とす。片面が固まってきたら裏返し、黄身にしっかり火が通るまで揚げ、油をきる。

❸ ②をひと口大に切って、①と混ぜ合わせたAを加え、さっくりとあえる。

揚げ焼き卵のエスニックサラダ

卵

半熟卵と
せん切り野菜の
サラダ

材料（2人分）
卵 … 3個
セロリ … 1/5本（20g）
にんじん … 2cm（10g）
長ねぎ … 1/4本（20g）
A ［ みそ・粒マスタード・
　　みりん・サラダ油
　　… 各大さじ1 ］
酢・塩 … 各少々

❶ 小鍋に水4カップを入れて熱し、沸騰したら酢と塩を加え、卵を入れて6分ゆでる。冷水にとって冷まし、殻をむく。

❷ 野菜はすべてせん切りにし、冷水に10分さらして水けをきる。Aはよく混ぜる。

❸ ①を縦半分に切って器に盛り、Aをかけて野菜をのせる。

材料（作りやすい分量）
卵 … 4個
カリフラワー … 1/3株（150g）
A ［ しょうが（薄切り）・
　　にんにく（薄切り）… 各1かけ分
　　酢（または白ワインビネガー）
　　　… 2/3カップ
　　水 … 1/2カップ
　　砂糖 … 大さじ5
　　カレー粉 … 小さじ2
　　塩 … 小さじ1 ］

❶ 卵は沸騰した湯で10分ゆでて冷水にとって冷まし、殻をむく。カリフラワーは小房に分ける。

❷ 鍋にAを入れて混ぜ、中火で熱して1分煮立てる。

❸ カリフラワーを加えて2分煮、ゆで卵を加えて火を止める。粗熱がとれたら保存容器に入れ、冷蔵室で冷やす。

卵のカレーピクルス

084

ゆで卵の ツナ詰め

材料（2人分）
卵 … 2個
ツナ缶（フレーク）
　… 1/2缶（40g）
ケッパー … 小さじ2
エンダイブ … 少々
マヨネーズ … 大さじ1

❶ 卵は沸騰した湯で10分ゆでて冷水にとって冷まし、殻をむいて縦半分に切り、黄身をとり出す。
❷ ツナは缶汁をきってほぐす。ケッパーは粗いみじん切りにする。
❸ 黄身、②、マヨネーズを混ぜて、白身にこんもりと詰め、エンダイブを飾る。

卵のココット

材料（2人分）
卵 … 2個
ミニトマト … 2個
パセリ（みじん切り）… 少々
塩・こしょう … 各少々

❶ 小さな耐熱容器に卵を1個ずつ割り入れ、楊枝で卵黄に3～4か所穴を開ける。
❷ ミニトマトは半分に切って①にのせ、塩とこしょうをふってラップをかけずに電子レンジで50秒加熱する。すぐにラップでふたをし、2分蒸らしてパセリを散らす。

ゆで卵の 中華風ソースがけ

材料（2人分）
ゆで卵（かたゆで）… 2個
絹さや … 2枚
A[オイスターソース・酢 … 各大さじ1

❶ ゆで卵は縦半分に切る。絹さやは筋をとり、さっとゆでて水けをきり、斜め半分に切る。
❷ 器に盛り、混ぜ合わせた**A**をかける。

玉ねぎ

玉ねぎのレンジ蒸し酢みそがけ

材料（2人分）
玉ねぎ … 1個
A［ みそ・酢 … 各大さじ1
　　マスタード … 小さじ1/2 ］

❶ 玉ねぎは横半分に切ってラップに包み、電子レンジで4分加熱する。
❷ 器に盛り、よく混ぜ合わせたAをかける。

材料（2人分）
玉ねぎ … 1/2個
桜えび … 3g
酒 … 小さじ1
塩・こしょう … 各少々
サラダ油 … 大さじ1/2

❶ 玉ねぎは1cm幅のくし形切りにする。
❷ フライパンにサラダ油を熱し、①と桜えびを炒める。酒をふってさっと混ぜ合わせ、塩とこしょうで味を調える。

玉ねぎと桜えびの炒めもの

オニオンスライスの和風サラダ

材料（2人分）
新玉ねぎ … 1/2個
卵黄 … 2個分
削り節 … 1/2パック（2〜3g）
ポン酢しょうゆ … 大さじ2

❶ 玉ねぎは薄切りにする（辛みが強ければ水にさらす）。
❷ 器に盛り、卵黄をのせて削り節を散らし、ポン酢をかける。

オニオンリングのフライ

材料（2人分）
玉ねぎ … 1個
A [牛乳・小麦粉 … 各1/2カップ
B [パセリ（みじん切り）… 小さじ1
    パン粉 … 1カップ
トマトケチャップ … 適量
揚げ油 … 適量

❶ AとBはそれぞれ混ぜ合わせる。玉ねぎは1cm幅の輪切りにし、リング状に分ける。

❷ 玉ねぎをAにくぐらせてBをまぶし、中温（170℃）に熱した揚げ油できつね色に揚げる。油をきり、器に盛ってトマトケチャップを添える。

チーズ

酢みそカマン

材料（2人分）
カマンベールチーズ … 1/2個
青じそ … 適量
A [みそ … 大さじ1
　　酢 … 小さじ1
　　砂糖 … 小さじ1/4
　　練りがらし … 少々]

❶ Aは混ぜ合わせる。
❷ カマンベールチーズは放射状に8等分に切る。①に加えてさっとあえ、青じそを敷いた器に盛る。

チーズの磯辺巻き

材料（2人分）
プロセスチーズ（カット済み）… 4切れ
焼きのり（全形）… 適量

❶ のりはチーズの大きさに合わせて切り、食べる直前にチーズを巻く。

材料（2人分）
ブルーチーズ … 大さじ1と1/2
りんご … 1/2個
くるみ … 4〜5粒
サニーレタス・ベビーリーフ
　… 各適量
A ┌ オリーブオイル・バルサミコ酢
　│　… 各大さじ1
　└ 塩・粗びき黒こしょう … 各適量

❶ りんごは皮つきのままひと口大の薄切りにし、塩水（分量外）に数分つける。
❷ ブルーチーズは1cm角にちぎる。くるみは軽く炒って2〜3等分に割る。
❸ サニーレタスは食べやすくちぎり、ベビーリーフとともに冷水にさらす。シャキッとしたらざるに上げる。
❹ Aと②をよく混ぜ、水けをきった①と③を加えてさっくりと混ぜる。

ブルーチーズの
グリーンサラダ

じゃこチーズ
せんべい

材料（6枚分）
粉チーズ・ちりめんじゃこ … 各大さじ4
黒いりごま … 小さじ2
粗びき黒こしょう … 小さじ1/4
サラダ油 … 小さじ1

❶ ボウルにサラダ油以外の材料を合わせる。
❷ フライパンを弱めの中火で熱し、サラダ油をペーパータオルに吸わせて薄く塗る。①を大さじ1強ずつすくって落とし、丸く薄く広げ、しばらくさわらずに焼く。
❸ 表面が固まってきたら、スプーンで軽く押さえながらさらに焼く。チーズがカリッとしたら裏返し、もう片面をさっと焼く。

089

チーズ

簡単
バーニャカウダ

材料 (2人分)

クリームチーズ(常温にもどす) … 100g
トレビス・チコリー・クレソン・
　バゲット(薄切り) … 各適量

A ┌ アンチョビ缶(フィレ)
　│ 　… 5〜6枚(15〜20g)
　│ にんにく(すりおろし) … 1かけ分
　│ オリーブオイル・牛乳
　│ 　… 各大さじ3
　└ 塩 … 小さじ1/2

❶ トレビス、チコリー、クレソンなどの野菜とバゲットは器に盛っておく。
❷ 小鍋にAを入れて中火で煮立たせ、軽く混ぜながら2〜3分煮る。
❸ クリームチーズをよく練り、②を少しずつ加えてなめらかなソースを作る。そのままでも、温めてもOK。①につけていただく。

焼き野菜の
ポン酢チーズマリネ

材料 (作りやすい分量)

クリームチーズ … 30g
ズッキーニ … 1本(150g)
パプリカ(オレンジ) … 1個(150g)
A ┌ オレンジジュース … 大さじ3
　└ 酢・しょうゆ … 各大さじ2
オリーブオイル … 大さじ2

❶ ズッキーニは1cm幅の輪切りに、パプリカは短冊切りにする。
❷ フライパンにオリーブオイルを中火で熱し、①を3〜4分焼いて裏返し、さらに4〜5分焼いて火を通す。
❸ 保存容器にAを合わせ、②の油をきって漬け込む。粗熱がとれたら1cm角に切ったクリームチーズを混ぜ、冷蔵室で1時間以上なじませる。

フライパンピザ

材料（2枚分）
モッツァレラチーズ … 100g
ミニトマト … 8〜10個
バジルの葉 … 6〜8枚
A ┌ 薄力粉 … 100g
　│ 強力粉 … 50g
　│ 塩・ベーキングパウダー
　└　… 各小さじ1
B ┌ 牛乳 … 250㎖
　└ オリーブオイル … 大さじ2
粗塩 … 適量
オリーブオイル … 適量

❶ Aを泡立て器でよく混ぜ、Bの牛乳を少しずつ加えて、粉っぽさがなくなるまで混ぜる。Bのオリーブオイルを加えて、なめらかになるまで混ぜる。

❷ モッツァレラチーズは1㎝角に、ミニトマトは横半分に切る。

❸ 直径24㎝ほどのフライパンにオリーブオイルを薄く塗って中火で熱し、①の半量を流し入れて広げ、3〜4分焼いて裏返す。

❹ ②を半量ずつのせて粗塩をふり、ふたをして4〜5分蒸し焼きにする。ふたをとってオリーブオイル小さじ1〜2を鍋肌からまわし入れ、さらに1〜2分こんがり焼いてバジルの葉の半量を散らす。あと1枚も同様に焼く。

チーズ

ペッパークリームチーズとまぐろ、マッシュルームのピンチョス

材料（4本分）
クリームチーズ … 30g
まぐろ（刺身用）… 適量
マッシュルーム … 2個
バジルの葉 … 4枚
しょうゆ … 小さじ1
粗びき黒こしょう
　　… 小さじ1強

❶ まぐろは2cmの角切りを4個用意し、しょうゆをからめて10分おく。
❷ クリームチーズは4等分に切り、黒こしょうをまぶす。マッシュルームは縦半分に切る。
❸ ピック4本にマッシュルーム、バジルの葉、①、クリームチーズの順に刺す。

ごまチーズチップス

材料（2人分）
ピザ用チーズ … 120g
黒いりごま … 大さじ1

❶ チーズを6等分にし、フライパンに間隔をあけてのせ広げ、それぞれ黒ごまをふる。
❷ 中火で1分半〜2分熱し、ふちが固まってきたらペーパータオルを巻いためん棒にのせて冷ます。

カッテージチーズとにんじんのサラダ

材料（2人分）
カッテージチーズ … 大さじ2
にんじん … 1/2本
A［ レモン汁 … 小さじ2
　　塩・粗びき黒こしょう … 各少々 ］

❶ にんじんはせん切りにする。
❷ Aをよく混ぜ、①とカッテージチーズを加えて混ぜ合わせる。

092

ちくわ

ちくわのかば焼き風

材料（2人分）
ちくわ … 5本
A [酒 … 大さじ2
　 砂糖・みりん・しょうゆ … 各大さじ1]
七味唐辛子 … 適量
サラダ油 … 大さじ1

❶ ちくわは1cm幅の斜め切りにする。
❷ フライパンにサラダ油を熱し、強火で①を炒める。こんがりと焼き色がついたら合わせたAを加え、汁けをとばすように炒める。
❸ しっかり味がからんだら器に盛り、七味唐辛子をふる。

材料（2人分）
ちくわ … 1本
のりのつくだ煮（市販） … 小さじ2
練りわさび … 少々

❶ ちくわは縦半分にし、長さを半分に切る。くぼみにのりのつくだ煮を入れ、わさびをのせる。

ちくわののりわさびのせ

> ツナ缶

ツナ + キムチ + 細ねぎ

材料 (2人分)
ツナ缶 (かたまり) … 1缶 (60g)
白菜キムチ … 50g
細ねぎ (小口切り) … 2本分
ごま油 … 少々

❶ 軽く缶汁をきったツナを器に盛り、キムチ、細ねぎの順にのせ、ごま油をかける。

材料 (2人分)
ツナ缶 (かたまり)
　… 1缶 (60g)
玉ねぎ (2cm長さの薄切り)
　… 1/6個分
ポテトチップス … 10枚
しょうゆ … 小さじ1
一味唐辛子 … 少々

❶ 玉ねぎは水にさらして水けをきる。軽く缶汁をきったツナを器に盛り、玉ねぎ、ちぎったポテトチップスの順にのせ、しょうゆをかけ、一味唐辛子をふる。

ツナ + 玉ねぎ + ポテトチップス

材料（2人分）

ツナ缶（フレーク）… 1缶（70g）
細ねぎ（3cm長さ）… 1/2束分
A ┌ 卵 … 1個
  │ 小麦粉 … 3/4カップ
  │ 水 … 1/3カップ
  │ しょうゆ … 小さじ2
  └ 一味唐辛子・塩 … 各少々
酢・しょうゆ（好みで）… 各適量
ごま油 … 大さじ1

❶ Aを泡立て器で混ぜる。缶汁をきったツナと細ねぎを加え混ぜる。
❷ フライパンにごま油を熱し、①を入れて中火で焼く。焼き色がついたら返して、裏面も同様に焼く。食べやすく切り分け、器に盛る。酢じょうゆをつけていただく。

ツナと細ねぎの
チヂミ

材料（2人分）

ツナ缶（かたまり）… 大2缶（270g）
クレソン（あれば）… 1束
A ┌ しょうゆ … 大さじ1と1/2
  │ みりん・酒・砂糖
  └   … 各大さじ1
小麦粉 … 適量
サラダ油 … 大さじ1
バター … 10g

❶ ツナは缶汁をきり、なるべく形をくずさないように缶から出す。表面の缶汁をペーパータオルでふき、上面と下面に小麦粉をまぶす。
❷ フライパンにサラダ油を熱し、①をそっと入れ、中火でこんがりと焼く。返して裏面も同様に焼き、余分な油をペーパータオルでふき取る。Aを加え、煮からめる。
❸ 器に盛り、バターをのせてクレソンを添える。

ツナの
照り焼きステーキ

095

ツナ缶

ツナとミニトマト、きゅうりのサラダ

材料（2人分）
ツナ缶（フレーク）… 1缶（70g）
ミニトマト … 10個
きゅうり … 1本

A
- にんにく（みじん切り）… 1かけ分
- レモン汁（または酢）… 大さじ1
- 砂糖 … 小さじ2
- 塩 … 小さじ1/3
- 粗びき赤唐辛子（または一味唐辛子）… 少々

❶ ミニトマトは半分に切る。きゅうりは5mm幅の輪切りにする。
❷ Aを混ぜ、軽く缶汁をきったツナをあえる。
❸ 器に①を盛り、②をのせる。

ツナ・キャロットラペ

材料（2人分）
ツナ缶（フレーク）… 1缶（70g）
にんじん … 2本

A
- 白ワインビネガー（または酢）… 大さじ2
- 玉ねぎ（すりおろし）… 大さじ1/2
- 塩 … 小さじ1/2
- 粗びき黒こしょう … 少々
- はちみつ … 小さじ1
- オリーブオイル … 大さじ1
- パセリ（みじん切り）… 大さじ1

❶ にんじんはスライサーでせん切りにする。ツナは軽く缶汁をきる。
❷ ①にAを順に加えて混ぜる。※すぐに食べられるが、少しおいてなじませるとよりおいしくなる。

ツナともやしの レンジ蒸し

材料 （2人分）
ツナ缶（フレーク）… 1缶（70g）
もやし … 1袋
細ねぎ（斜め薄切り）… 2本分

A
- にんにく（すりおろし）… 1かけ分
- オイスターソース … 小さじ2
- 酒・ごま油 … 各小さじ1
- 豆板醤・しょうゆ・砂糖・片栗粉 … 各小さじ1/2

❶ 耐熱容器にもやしを広げる。Aを混ぜ、軽く缶汁をきったツナを加え混ぜ、もやしの上にのせる。

❷ ラップをかけて電子レンジで3分加熱する。ざっと混ぜて器に盛り、細ねぎをのせる。

ツナと水菜の 豆腐あえ

材料 （2人分）
ツナ缶（フレーク）… 1缶（70g）
水菜 … 3株
木綿豆腐 … 1/2丁

A
- ごま油 … 小さじ1/2
- 塩 … 小さじ1/3

塩 … 少々
粗びき黒こしょう … 少々

❶ 水菜は3cm長さに切り、塩をふる。

❷ 豆腐は表面の水けをふき、ボウルに入れる。缶汁をきったツナ、①、Aを加えて豆腐をくずしながらあえる。器に盛り、黒こしょうをふる。

ツナ缶

ツナマヨ卵サラダ

材料（2人分）
ツナ缶（フレーク）… 1缶（70g）
玉ねぎ（みじん切り）… 1/4個分
ゆで卵（かたゆで・みじん切り）
　… 2個分
ベビーリーフ … 適量
レモン汁 … 大さじ1/2
マヨネーズ … 大さじ3
塩・こしょう … 各少々

❶ 玉ねぎは塩少々（分量外）をふってもみ、洗って水けを絞る。

❷ 軽く缶汁をきったツナとレモン汁を混ぜる。ゆで卵、①、マヨネーズ、塩、こしょうを加えてあえる。器に盛り、ベビーリーフを添える。

ツナスパニッシュオムレツ

材料（3人分）
ツナ缶（かたまり）… 大1缶（135g）
じゃがいも（5mm幅の半月切り）… 2個分
玉ねぎ（薄切り）… 1/4個分
卵 … 4個
ミニトマト（あれば）… 6個
塩 … 小さじ1/2
こしょう … 少々
オリーブオイル … 大さじ2と1/2

❶ 直径20cmのフライパンにじゃがいも、玉ねぎ、オリーブオイル大さじ2、ツナを缶汁ごと入れる。中火で熱し、混ぜながら炒め煮にする。じゃがいもがやわらかくなったらざるに上げ、押しながら油をきる。

❷ 卵は割りほぐし、①、塩、こしょうを混ぜる。

❸ ①のフライパンにオリーブオイル大さじ1/2を熱し、②を流し入れてへらで混ぜながら中火で焼く。少し半熟が残るくらいに火が通って焼き色がついたら、皿をかぶせてひっくり返し、スライドさせてフライパンに戻し入れて裏面も焼く。放射状に切り分けて器に盛り、切り目を入れたミニトマトを添える。

温玉の ピリ辛 冷ややっこ

豆腐

材料 (2人分)
綿ごし豆腐 … 1丁
温泉卵 … 2個
細ねぎ(小口切り)・揚げ玉
　… 各大さじ2
A [白いりごま … 小さじ1
　しょうゆ … 小さじ2
　はちみつ … 小さじ1
　酢・ごま油・コチュジャン
　　… 各小さじ1/2]

❶ 豆腐は半分に切って器に盛る。温泉卵、細ねぎ、揚げ玉をのせ、混ぜ合わせたAをかける。

にら玉やっこ

材料 (2人分)
木綿豆腐 … 1丁
にら … 1/2束
A [卵黄 … 2個分
　しょうゆ … 小さじ2]

❶ にらはさっとゆで、水けを軽く絞って5cm長さに切る。

❷ 豆腐は食べやすい大きさに切って器に盛り、①をのせる。混ぜ合わせたAをまわしかける。

豆腐

アボカドとミニトマトの洋風冷ややっこ

材料 （2人分）
絹ごし豆腐 … 1/2丁
アボカド … 1/4個
ミニトマト … 2個
A ┌ マヨネーズ・
　│　トマトケチャップ
　│　… 各大さじ1
　└ 牛乳 … 小さじ1

❶ アボカドは種をとって皮をむき、乱切りにする。ミニトマトは縦半分に切る。

❷ 豆腐は水きりして4等分に切り、器に盛る。①をのせ、よく混ぜ合わせたAをかける。

揚げ玉冷ややっこ

材料 （2人分）
絹ごし豆腐 … 1/2丁
A ┌ 揚げ玉 … 大さじ2
　│ 長ねぎ(小口切り) … 4cm分
　└ 削り節 … 少々
ゆずこしょう … 少々
めんつゆ（3倍濃縮）… 適量

❶ 豆腐は水きりして半分に切り、器に盛る。

❷ Aをのせてゆずこしょうを添え、めんつゆをかけていただく。

豆腐お好み

材料（作りやすい分量）
木綿豆腐 … 1/2丁（約150g）
卵 … 1個
キャベツ（せん切り）… 2枚分
桜えび・揚げ玉 … 各大さじ1
削り節・青のり … 各適量
顆粒だしの素（和風または鶏がら）… 小さじ1/2
お好み焼き用ソース・マヨネーズ … 各適量
ごま油 … 大さじ1

❶ 豆腐はフォークの背などでなめらかになるまですりつぶす。卵を割り入れ、だしの素も加えてよく混ぜる。キャベツ、桜えび、揚げ玉を加え、さっくりと混ぜ合わせる。

❷ 直径22cmほどのフライパンにごま油を熱し、①を丸く流し入れ、ふたをして中火で5分焼く。底面が固まったら、すべらせるようにしてフライパンのふたに移し、フライパンを逆さにかぶせてふたごとひっくり返す。再びふたをして5分焼き、ふたをとって強火で1分焼く。

❸ 器に盛ってソースを塗り、マヨネーズをかけ、削り節と青のりを散らす。

豆腐のスパイスマリネ

材料（作りやすい分量）
木綿豆腐 … 1丁（300g）
A ［ 塩・カレー粉 … 各小さじ1
    粗びき黒こしょう … 小さじ1/3 ］
B ［ にんにく（薄切り）… 1かけ分
    オリーブオイル … 1/2カップ ］

❶ 豆腐は8等分に切り、水けをふいて耐熱容器に入れ、Aをからめて10分おく。

❷ フライパンにBを中火で熱し、にんにくがカリッとしたら①にかける。

❸ 粗熱がとれたら、冷蔵室で3時間以上なじませる。

豆腐

じゃこ豆腐

材料 (2人分)
絹ごし豆腐 … 1/2丁
しょうが (すりおろし) … 少々
A[ちりめんじゃこ・細ねぎ (小口切り)
　　… 各大さじ1
B[しょうゆ … 大さじ1
　ごま油 … 小さじ1

❶ AとBは、それぞれ混ぜ合わせる。

❷ 豆腐は水きりし、スプーンですくって器に盛る。Aをのせてしょうがを添え、Bをかける。

材料 (2人分)
木綿豆腐 … 1/2丁
A[玉ねぎ (すりおろし) … 大さじ2
　しょうゆ・酢 … 各大さじ1
　サラダ油 … 小さじ1
小麦粉 … 適量
サラダ油 … 小さじ2

❶ 豆腐はしっかりと水きりし、1.5cm幅に切って小麦粉をまぶす。

❷ フライパンにサラダ油を熱し、①の両面を焼く。焼き色がついたら器に盛り、混ぜ合わせたAをかける。

豆腐ステーキの香味ソースがけ

豆腐のおかか焼き

材料 (2人分)
木綿豆腐 … 1/2丁
削り節 … 1/2パック (2〜3g)
細ねぎ (小口切り) … 少々
A[しょうゆ・みりん … 各小さじ2
サラダ油 … 小さじ2

❶ 豆腐はしっかりと水きりし、1.5cm幅に切る。

❷ フライパンにサラダ油を熱し、①の両面を焼く。焼き色がついたらAを加えてからめ、削り節を加えて全体にまぶす。器に盛り、細ねぎを散らす。

豆腐と高菜のじゃこ炒め

材料（2人分）

木綿豆腐 … 1/2丁（150g）
刻み高菜漬け … 50g
ちりめんじゃこ … 大さじ2
白いりごま … 大さじ1
豆板醤 … 小さじ1/2
酒 … 大さじ1
ごま油 … 大さじ1

❶ 豆腐はペーパータオルに包み、15分おいて水きりする。
❷ フライパンにごま油を熱し、強めの中火で高菜の水分をとばすように炒める。豆板醤を加えてさっと炒め、①を手でくずしながら加えてさらに炒める。
❸ ちりめんじゃこと白ごまを加えて軽く炒め、仕上げに酒をまわし入れる。

豆腐のジョン

材料（2人分）

木綿豆腐 … 1/2丁
溶き卵 … 1個分
貝割れ … 少々
塩・小麦粉・サラダ油 … 各適量

❶ 豆腐はしっかりと水きりし、1.5cm幅に切る。小麦粉をまぶし、溶き卵にくぐらせる。
❷ フライパンにサラダ油を熱して①を入れ、片面に貝割れをのせて弱火で両面を焼く。器に盛り、塩をふる。

豆苗

豆苗の
ボンゴレ風

材料（2人分）
豆苗 … 1/2パック
あさり（砂抜き済み）… 250g
にんにく … 1かけ
赤唐辛子（小口切り）… 小さじ1
酒 … 大さじ2
塩・こしょう … 各少々
オリーブオイル … 大さじ1

❶ 豆苗は根元を落として3cm長さに切る。にんにくは薄切りにする。
❷ フライパンにオリーブオイル、にんにく、赤唐辛子を中火で熱し、香りが立ったらあさりを加え、ざっと炒める。酒を加えてふたをし、あさりの口が開くまで蒸し焼きにする。
❸ 豆苗を加えてざっと混ぜ、塩とこしょうで味を調える。

豆苗の
シャキシャキ
サラダ

材料（2人分）
豆苗 … 1パック
A ┌ マヨネーズ … 大さじ2
　│ 白練りごま・酢 … 各小さじ1
　│ 砂糖 … 小さじ1/4
　└ 塩・粗びき黒こしょう … 各少々

❶ 豆苗は根元を落として3cm長さに切り、さっと水洗いしてざるに上げる。
❷ Aを混ぜ合わせ、しっかり水けをきった①を加え、さっくりとあえる。

材料（2人分）
とうもろこし（生）… 1本
桜えび … 大さじ3
青のり … 大さじ1
A[冷水・小麦粉 … 各1/2カップ
粗塩 … 適量
小麦粉 … 大さじ1
サラダ油 … 適量
ごま油 … 小さじ1

とうもろこしのかき揚げ

とうもろこし

❶ とうもろこしは長さを半分に切り、まな板に立てて包丁で実を削りとる。小麦粉をまぶし、桜えびと青のりを加え混ぜる。

❷ Aを合わせ、粉っぽさが残る程度にさっくりと混ぜる。

❸ フライパンに2cmほどサラダ油を注ぎ、ごま油を加えて高温（180℃）に熱する。

❹ ②に①を加えて軽く混ぜ、スプーンですくって③にそっと落とす。固まってきたら裏返し、両面をカリッと揚げて油をきる。器に盛って粗塩をふる。

簡単焼きとうもろこし

材料（2人分）
とうもろこし（生）… 1/2本
A[しょうゆ・みりん … 各小さじ1
バター … 5g

❶ とうもろこしは水でさっと濡らし、ラップに包んで電子レンジで3分加熱し、縦半分にして6等分に切る。

❷ フライパンにバターを熱して①を焼き、焼き色がついたらAを加えてからめる。

トマト

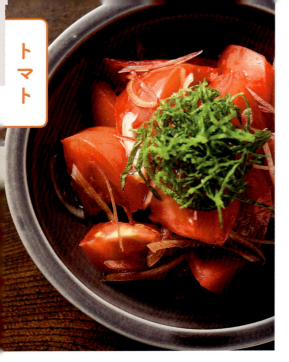

冷やしトマト薬味のせ

材料（2人分）
トマト … 1個
みょうが … 1本
青じそ … 1枚
ポン酢しょうゆ（またはしょうゆ）・
　ごま油 … 各適量

❶ トマトはひと口大に切る。みょうがと青じそはせん切りにする。

❷ トマトとみょうがを混ぜ合わせて器に盛り、青じそをのせ、ポン酢とごま油をかける。

トマトとじゃこのサラダ

材料（2人分）
トマト … 大1個
ちりめんじゃこ … ひとつかみ
みょうが … 2本
すだちの絞り汁 … 適量
塩 … ひとつまみ
ごま油 … 小さじ1

❶ トマトはひと口大に切り、塩をまぶしてしばらくおく。

❷ ちりめんじゃこはざるに入れ、熱湯をさっとまわしかけ、水けをきる。みょうがは縦半分に切ってから縦に薄切りにする。

❸ ①に②、ごま油、すだちの絞り汁を加え、さっくりとあえる。

夏野菜たっぷり メキシカンサラダ

材料（2人分）
トマト … 1個
きゅうり … 1本
パプリカ（黄）… 1/2個
玉ねぎ … 1/4個
香菜 … 適量
アボカド … 1/2個
粉チーズ … 適量
A ┌ オリーブオイル … 大さじ2
　│ 塩 … 小さじ1/4
　└ 粉唐辛子 … 少々
レモン汁 … 1/2個分

❶ トマトはひと口大に、きゅうりとパプリカは1cm角に切る。玉ねぎは2cm長さの薄切りにして水に5分さらし、水けをきる。香菜はざく切りにする。

❷ アボカドは種をとって皮をむき、1cm角に切る。レモン汁小さじ1をまぶしておく。

❸ 残りのレモン汁とAを合わせ、①、②、粉チーズを加えてさっくりと混ぜる。器に盛り、さらに好みで粉チーズをふる。

材料（2人分）
トマト … 1個
長ねぎ … 10cm
卵 … 2個
A ┌ 酒 … 小さじ1
　│ 塩 … 小さじ1/2
　└ 砂糖 … ひとつまみ
ごま油 … 大さじ1

❶ トマトはひと口大に切る。長ねぎは5mm幅の斜め切りにする。

❷ 卵は割りほぐし、Aを加え混ぜる。

❸ フライパンにごま油を熱して長ねぎを炒め、トマトを加えてさっと炒める。端に寄せ、あいたところに②を流し入れる。卵のふちが固まってきたら全体を炒め合わせ、半熟になったら火を止める。

トマトの ふわふわ卵炒め

トマト

焼きトマトの
ステーキ風

材料（2人分）
トマト … 2個
にんにく … 1/2かけ
ハーブソルト … 少々
オリーブオイル … 小さじ2

❶ トマトは1.5cm幅の輪切りに、にんにくはみじん切りにする。

❷ フライパンにオリーブオイルとにんにくを熱し、香りが立ったらトマトの両面を1分ずつ焼き、ハーブソルトで調味する。

ミニトマトの
甘酢漬け

材料（2人分）
ミニトマト … 約10個
玉ねぎ … 1/4個
A ┌ 酢 … 大さじ2
  │ はちみつ … 大さじ1
  └ 塩 … ひとつまみ

❶ ミニトマトは縦半分に切る。

❷ 玉ねぎはみじん切りにして軽く水にさらす。水けをよくきってAと混ぜ合わせ、①を加えて冷蔵室で10分なじませる。

Column

野菜の保存法③

[にんじん]

皮をむいて乱切りにし、2〜3分ゆでる。冷水にとって冷まし、水けをよくきる。保存容器に入れて冷蔵保存する。保存の目安は4〜5日。

かぼちゃ入りラタトゥイユ

材料 (2人分)
トマト水煮缶 … 1缶(400g)
玉ねぎ(2cm角) … 1/2個分
パプリカ(赤・2cm角) … 1個分
かぼちゃ(2cm角) … 1/6個分
にんにく(たたきつぶす) … 1かけ分
白ワインビネガー(または酢) … 大さじ1
塩 … 小さじ1/2
こしょう … 少々
オリーブオイル … 大さじ1

トマト缶

❶ 鍋にオリーブオイルを熱し、にんにくを炒める。香りが立ったら玉ねぎ、パプリカ、かぼちゃを加えて炒める。

❷ トマト水煮はへらか手で細かくつぶす。①に加えて2〜3分、強火で煮立てる。

❸ ワインビネガーを加えて弱火にし、15〜20分煮て塩とこしょうを加え混ぜる。

なすとひき肉のムサカ

材料 (2〜3人分)
トマト水煮缶 … 1缶(400g)
玉ねぎ(みじん切り) … 1/2個分
合いびき肉 … 200g
なす(2cm幅のいちょう切り) … 4本分
ご飯 … 100g
ピザ用チーズ … 60g
A ┌ 白ワイン … 大さじ3
　├ クミンパウダー(あれば) … 小さじ2
　└ パプリカパウダー(あれば) … 小さじ2
塩 … 小さじ1/2
こしょう … 少々
オリーブオイル … 大さじ1

❶ トマト水煮はへらか手で細かくつぶす。

❷ オーブン対応の鍋にオリーブオイルを中火で熱し、玉ねぎが透き通るまで炒める。ひき肉を加えて炒め、①を加えて1〜2分煮る。なすとAを加えて15分煮る。

❸ ご飯を加えて煮て、とろりとしてきたら塩とこしょうを加え混ぜ、チーズをのせる。250℃のオーブンで7〜8分焼く。

鶏肉

鶏肉のピリ辛から揚げ

材料（2人分）
鶏もも肉…1枚（300g）
グリーンカール・
レモン（くし形切り・好みで）
…各適量

A ┌ しょうが（すりおろし）・
  │ にんにく（すりおろし）
  │   …各1/2かけ分
  │ しょうゆ…小さじ2
  │ 酒…小さじ1
  └ 七味唐辛子…少々
片栗粉…適量
揚げ油…適量

❶ 鶏肉はひと口大に切り、混ぜ合わせた**A**に10分漬け込み、片栗粉をまぶす。

❷ 揚げ油を高温（180℃）に熱し、①を揚げる。グリーンカールを敷いた器に盛り、好みでレモンを絞っていただく。

ジャンボ鶏つくね

材料（作りやすい分量）
鶏ももひき肉 … 250g
ごぼう … 15cm
A [長ねぎ（みじん切り）… 15cm分
　　しょうが（すりおろし）… 1かけ分
　　みそ … 大さじ1
　　ごま油 … 小さじ1
　　塩・粗びき黒こしょう … 各少々]
B [しょうゆ・練りがらし・
　　マヨネーズ … 各適量]
片栗粉 … 大さじ1
サラダ油 … 大さじ1

❶ ごぼうはよく洗い、粗いみじん切りにして水にさらし（2～3度水をかえる）、ざるに上げる。

❷ ①、ひき肉、Aを粘りが出るまで練り、片栗粉も加えて混ぜる。

❸ 直径22cmほどのフライパンにサラダ油を熱し、②を広げて均一の厚さにならす。強めの中火で焼き、焼き色がついたら裏返してふたをし、弱火で焼く。

❹ 両面に焼き色がついたら器に盛り、Bを合わせて添える。

ささみときゅうりのわさびあえ

材料（2人分）
鶏ささみ … 1本
きゅうり … 大1本
白いりごま … ふたつまみ
A [ごま油 … 小さじ1
　　練りわさび … 小さじ1/2]
塩 … 少々

❶ ささみはゆでて冷水にとり、ペーパータオルで水けをふき、細く裂く。

❷ きゅうりは薄く皮をむいて小さめの乱切りにし、塩をまぶす。

❸ ②に①を加え、白ごまを指先でひねりつぶしながら加える。混ぜ合わせたAを加えてよくあえる。

鶏肉

ささみセサミ

材料 （2人分）
鶏ささみ … 2本
青じそ … 適量
A[黒いりごま … 大さじ4
　 みそ … 大さじ1
　 酒 … 小さじ2
　 砂糖 … 小さじ1]
ごま油 … 大さじ1

❶ ささみはラップではさみ、すりこぎなどでたたいて8mm厚さにのばす。

❷ Aをよく混ぜ合わせて①の両面にまんべんなくまぶし、冷蔵室で10分なじませる。

❸ フライパンにごま油を熱し、弱めの中火で②を返しながらじっくり焼く。火が通ったら取り出し、薄いそぎ切りにする。

❹ 器に青じそを敷き、③を盛る。

材料 （2人分）
鶏レバー … 200g
玉ねぎ（粗いみじん切り） … 1/4個分
にんにく（みじん切り） … 1かけ分
細ねぎ（小口切り） … 適量
A[しめじ（小房に分ける） … 1/2パック分
　 生クリーム … 1/2カップ]
白ワイン（または酒） … 大さじ2
粒マスタード … 大さじ1/2
塩・粗びき黒こしょう … 各適量
オリーブオイル … 大さじ1

❶ レバーは余分な脂を除き、ひと口大に切る。ボウルに水をはり、血や汚れを洗い（2～3度水をかえる）、ペーパータオルで水けをよくふく。

❷ フライパンにオリーブオイルを熱し、中火で玉ねぎを炒める。しんなりしたらにんにくを加え、①を加えて強火で炒める。

❸ レバーの色が変わったら白ワインを加えてさっと炒め、Aを加える。煮立ったら弱火にし、ときどき混ぜながらとろみがつくまで煮る。

❹ 粒マスタードを加え、塩で味を調える。器に盛って細ねぎを散らし、黒こしょうをふる。

鶏レバーのクリームマスタード煮

蒸し鶏と紫玉ねぎの
ナッツドレッシング
サラダ

材料（2人分）
鶏胸肉 … 1枚（200g）
紫玉ねぎ … 1/2個（80g）
キャベツ … 2枚（100g）
くるみ … 5粒
A ┃ 白ワイン（または酒）… 大さじ2
　┃ 塩 … 小さじ1
B ┃ マヨネーズ … 大さじ4〜
　┃ りんごジャム … 大さじ1
　┃ こしょう … 少々

❶ フライパンに鶏肉、A、かぶるくらいの水を入れ、ふたをして中火にかける。煮立ったら弱火にして6分蒸しゆでにし、汁ごとボウルに移し、ラップをかけて粗熱をとる。

❷ 紫玉ねぎは粗いみじん切りに、キャベツはせん切りに、くるみは粗く刻む。

❸ ①の汁けをきり、細く裂いて②と混ぜ、Bであえる。

材料（作りやすい分量）
鶏胸肉 … 1枚（200g）
ズッキーニ（薄切り）… 1本分（150g）
A ┃ 白ワイン（または酒）… 大さじ2
　┃ 塩 … 小さじ1
B ┃ アンチョビ缶（フィレ・細かくつぶす）
　┃ 　… 5〜6枚分（15〜20g）
　┃ パセリ（みじん切り）… 大さじ1
　┃ オリーブオイル … 大さじ3
　┃ 酢 … 大さじ2
　┃ 塩・こしょう … 各少々

❶ フライパンに鶏肉、A、かぶるくらいの水を入れ、ふたをして中火にかける。煮立ったら弱火にして6分蒸しゆでにし、汁ごとボウルに移してラップをかけ、粗熱をとる。

❷ Bをよく混ぜ、ズッキーニを加えて、しんなりするまで混ぜる。

❸ ①の汁けをきって大きめにほぐし、②に加えてよく混ぜ、冷蔵室で3時間以上なじませる。

蒸し鶏と
ズッキーニの
アンチョビマリネ

鶏肉

鶏肉の塩レモン煮

材料（作りやすい分量）
鶏手羽元 … 6本
玉ねぎ … 1個（200g）
A [にんにく（すりおろし）・
しょうが（すりおろし） … 各1かけ分
レモン汁 … 大さじ3
ゆずこしょう … 小さじ1]
B [レーズン … 大さじ2
水 … 1/4カップ
クミンパウダー … 小さじ1/4
塩 … 小さじ1/2]
C [レモン（薄切り） … 6枚
レモンの皮（せん切り） … 適量]
オリーブオイル … 大さじ3

❶ 手羽元は骨に沿って切り込みを入れ、**A**をすり込んで10分おく。玉ねぎは薄切りにする。

❷ 鍋にオリーブオイル大さじ1を中火で熱し、汁けをきった手羽元の両面を焼きつける。

❸ 玉ねぎを加えてひと混ぜし、オリーブオイル大さじ2をからめて、**A**の漬け汁と**B**を加えてふたをする。煮立ったら弱火にして20分煮、**C**を加えてひと混ぜする。

材料（2人分）
鶏もも肉 … 1枚（200g）
クレソン … 適量
A [オレンジジュース … 大さじ4
中濃ソース … 大さじ1
塩 … 小さじ1/2]
小麦粉 … 小さじ2
サラダ油 … 大さじ1/2

❶ 鶏肉は半分に切って、小麦粉をまぶす。

❷ フライパンにサラダ油を熱し、①を皮目から中火で5分焼き、裏返して3〜4分焼く。

❸ **A**を加えて強火にし、鶏肉にからめながら1分焼く。食べやすく切って器に盛り、ちぎったクレソンをのせ、焼き汁をかける。

鶏肉のオレンジ中濃ソース焼き

材料（2人分）
長いも … 200g
長ねぎ … 1/2本（50g）
アンチョビ缶（フィレ）
　… 5〜6枚（15〜20g）
生クリーム … 2/3カップ
塩・こしょう … 各適量

❶ 長いもは5mm角、4cm長さの棒状に切り、塩・こしょう各少々をふる。長ねぎは斜め薄切りにする。

❷ 耐熱容器に①を広げて塩・こしょう各少々をふり、アンチョビをちぎってのせ、生クリームを注ぐ。

❸ オーブントースターで野菜にうっすら焼き色がつくまで13〜15分焼く。

長いも

長いものアンチョビクリームグラタン

蒸し長いもの明太カナッペ

材料（2人分）
長いも … 150g
辛子明太子 … 1/2腹（50g）
バゲット … 6〜8cm
ベビーリーフ … 少々
オリーブオイル … 小さじ1

❶ 長いもは2cm角に切り、ラップに包んで電子レンジで3分加熱する。

❷ 熱いうちに粗くつぶし、小さくちぎった明太子とオリーブオイルを加え混ぜる。

❸ バゲットは1cm厚さに切り、オーブントースターでこんがりと焼いて②をのせ、ベビーリーフを飾る。

材料（2人分）
長いも … 200g
削り節・青のり … 各少々
めんつゆ（3倍濃縮）… 大さじ1と1/2
バター … 10g

❶ 長いもは皮つきのまま乱切りにする。

❷ フライパンにバターを熱し、①を炒める。全体にバターがまわったらめんつゆと削り節を加えてさっと炒め合わせ、器に盛って青のりをふる。

長いものめんつゆ炒め

なす

焼きなす
マリネ

材料（2人分）
なす … 2本
A ┌ にんにく（すりおろし）
  │   … 1/2かけ分
  │ 酢 … 小さじ1
  └ 塩 … 少々
ごま油 … 小さじ2

❶ なすはヘタにぐるりと切り目を入れてガクを除き、縦半分に切って水に1〜2分さらす。ペーパータオルで水けをふく。

❷ フライパンを強めの中火で熱し、①の切り口を下にして並べる。そのままさわらずに焼き、焼き色がついたらごま油を加え、フライパンを揺すってなじませる。

❸ 裏返してさっと焼き、火を止めて混ぜ合わせた**A**をからめる。

蒸しなすと
ごまペーストのカナッペ

材料（2人分）
なす … 2本
バゲット … 8〜10cm
ミディトマト（角切り）… 適量
A ┌ 白すりごま … 大さじ2
  │ ごま油 … 小さじ1
  └ 塩 … 小さじ1/3

❶ なすはピーラーで皮をむいて1本ずつラップに包み、電子レンジで3〜4分加熱する。そのまま冷水にとって冷まし、ラップをはずす。

❷ ①の水けを絞って1cm角に切り、**A**であえる。

❸ バゲットは1cm厚さに切り、オーブントースターでこんがりと焼いて②をのせ、ミディトマトを飾る。

野菜のカポナータ風

材料（作りやすい分量）
なす … 2本（200g）
ズッキーニ … 1本（150g）
パプリカ（黄）… 1個（150g）
トマト … 1個（200g）
にんにく … 1かけ
黒オリーブ（種あり）… 10個
A ┌ 酢・みそ … 各大さじ1
  │ はちみつ … 小さじ1〜2
  └ 塩 … 小さじ1
塩・こしょう … 各少々
オリーブオイル … 大さじ4

❶ なすとズッキーニは1cm幅の輪切りにする。パプリカとトマトは2cm角に切る。にんにくは縦半分に切る。

❷ 鍋にオリーブオイル大さじ2を中火で熱し、にんにく、パプリカの順に3〜4分炒める。オリーブオイル大さじ1を足してなすとズッキーニを加え、しんなりするまで3〜4分炒め合わせる。

❸ A、トマト、黒オリーブを加えてふたをし、煮立ったら弱火で10分煮、ふたをとってさらに10分煮る。

❹ 粗熱がとれたらオリーブオイル大さじ1を加えてひと混ぜし、塩とこしょうで味を調える。

なす

蒸しなすの梅キムチ

材料（2人分）
なす … 2本
梅干し … 1個
白菜キムチ … 40g
細ねぎ（小口切り）… 少々
ごま油 … 少々

❶ なすは竹串で6か所ほど穴を開け、ラップに包んで電子レンジで2分加熱する。冷水にとり、皮をむいて食べやすく裂く。

❷ 梅干しは種をとって果肉を包丁でたたき、食べやすく切ったキムチと①を合わせる。器に盛り、ごま油をたらして細ねぎを散らす。

なすのとろろ昆布あえ

材料（2人分）
なす … 2本
とろろ昆布 … 3g

❶ なすは薄い輪切りにして塩小さじ1/4（分量外）をふり、しんなりしたら水けをよく絞ってとろろ昆布とあえる。

なすの黒酢炒め

材料（2人分）
なす … 1本
貝割れ … 適量
A ┃ 黒酢・しょうゆ … 各大さじ1/2
　┃ 砂糖 … 小さじ1
　┗ 塩 … 少々
サラダ油 … 大さじ1

❶ なすはひと口大の乱切りにする。

❷ フライパンにサラダ油を熱して①を炒め、しんなりしたら混ぜ合わせた**A**を加え、からめる。根元を切った貝割れを添える。

納豆

もずくオクラ納豆

材料（2人分）

納豆 … 2パック（80g）
オクラ … 3本
もずく … 150g
白いりごま … 小さじ1
A [酢 … 大さじ2
   砂糖 … 小さじ1
   しょうゆ … 小さじ1/2
   練りがらし … 少々]

❶ オクラは塩適量（分量外）をまぶし、こするようにしてうぶ毛を落とし、さっと洗って水けをふく。ヘタを落とし、薄切りにする。

❷ ボウルに①、納豆、もずく、白ごまを入れ、合わせたAを加え混ぜる。

温玉納豆キムチ

材料（2人分）

納豆 … 2パック
白菜キムチ … 30g
温泉卵 … 2個
細ねぎ（小口切り）… 少々
しょうゆ … 適量

❶ キムチは粗いみじん切りにし、納豆と混ぜ合わせてしょうゆで味を調える。

❷ 器に盛り、温泉卵を割り入れ、細ねぎを散らす。

生ハム

生ハムとルッコラの
バルサミコサラダ

材料 (2人分)
生ハム … 4枚
ルッコラ … 1袋(50g)
玉ねぎ … 1/4個
ミディトマト … 2個
A ┃ オリーブオイル … 大さじ1
　┃ 塩 … 小さじ1/4
　┃ 粗びき黒こしょう … 少々
　┃ バルサミコ酢 … 大さじ1～2

❶ ルッコラは5cm長さに切る。玉ねぎは繊維を断つように薄切りにし、ともに冷水に10分さらして水けをきる。

❷ ミディトマトは縦6つ割りにする。

❸ ボウルに①と②を入れてAを上から順にからめ、器に盛って食べやすくちぎった生ハムをのせる。

生ハムとほうれん草の洋風かき揚げ

材料（2人分）
生ハム … 50g
ほうれん草 … 2株（50g）
小麦粉 … 1/2カップ〜
揚げ油 … 適量

❶ 生ハムは2cm幅に、ほうれん草は2cm長さに切る。
❷ ①と小麦粉をざっくりと混ぜ、冷水大さじ4〜を加えてさっくりと混ぜる。
❸ 手に油適量（分量外）をつけて②を4等分にして平たくまとめ、高温（180℃）に熱した揚げ油で3〜4分カラッと揚げる。

生ハムとカマンベール、いちじくのピンチョス

材料（4本分）
生ハム … 4枚
カマンベールチーズ
　（くし形切り）… 4切れ
ドライいちじく
　（ソフトタイプ）… 4個
粒マスタード … 適量

❶ ピック4本にカマンベールチーズ、4つにたたんだ生ハム、いちじくの順に刺し、粒マスタードをのせる。

にんじん

にんじんと
グレープフルーツの
サラダ

材料（2人分）
にんじん … 1本
グレープフルーツ … 5房
イタリアンパセリ … 適量
A ┌ サラダ油 … 大さじ1
　│ マスタード … 小さじ1
　│ 酢 … 小さじ1/2
　└ 塩・粗びき黒こしょう … 各少々

❶ にんじんは太めのせん切りにしてボウルに入れ、塩小さじ1/4（分量外）を加えてさっと混ぜる。しんなりしたら水けを絞り、別のボウルに入れる。

❷ グレープフルーツは薄皮をむき、実を食べやすくほぐす。ちぎったイタリアンパセリとともに①に加える。

❸ Aをよく混ぜ合わせ、①に加えてあえる。

にんじんの
たらこ炒め

材料（2人分）
にんじん … 1/2本
たらこ（ほぐす） … 1腹分
酒 … 小さじ1
ごま油 … 小さじ2

❶ にんじんは薄い輪切りにする。

❷ フライパンにごま油を熱し、①を炒める。火が通ったら、たらこと酒を加え、軽く炒め合わせる。

薄切り豚肉の にんじん巻きフライ

材料 （2人分）
にんじん（細め）… 1本（150g）
豚バラ薄切り肉 … 4枚（100g）
ルッコラ・レモン（くし形切り）
　… 各適量
A ┃ 卵 … 1個
　┃ 小麦粉 … 大さじ4
B ┃ パン粉 … 1カップ
　┃ 粉チーズ … 大さじ3
　┃ ガーリックパウダー … 少々
塩 … 小さじ1/2
こしょう … 少々
揚げ油 … 適量

❶ にんじんは縦4つ割りにする。AとBはそれぞれ混ぜて、ころもを作る。

❷ 豚肉を1枚ずつ広げて塩とこしょうをふり、にんじんを1切れずつのせて巻き、A、Bの順にころもをつける。

❸ 揚げ油を中温（170℃）に熱し、②をきつね色になるまで6〜7分揚げ、器に盛ってちぎったルッコラとレモンを添える。切り分けていただく。

にんじんの カレー炒め

材料 （2人分）
にんじん … 小1本
ソーセージ … 2本
細ねぎ（小口切り）… 大さじ1
A ┃ カレー粉 … 小さじ1/2
　┃ 塩・砂糖・しょうゆ … 各少々
サラダ油 … 小さじ2

❶ にんじんは3〜4cm長さの細切りにする。ソーセージは縦半分にし、斜め薄切りにする。

❷ フライパンにサラダ油を熱し、①を炒める。にんじんがしんなりしてきたらAを加えてさっと炒め合わせ、器に盛り、細ねぎを散らす。

白菜

アンチョビ白菜

材料（2人分）
白菜 … 2〜3枚
アンチョビ缶（フィレ）… 1枚
レモン汁 … 1/2個分
塩 … 少々

❶ 白菜は食べやすくちぎって塩を加え、手でもむようにあえる。

❷ アンチョビは細かく刻み、レモン汁とともに①に加えてさっくりと混ぜる。

材料（2人分）
白菜 … 1/8株
A ┌ 赤唐辛子（小口切り）… 1/2本分
　│ 酢 … 大さじ1と1/2
　│ 砂糖 … 大さじ1
　└ 薄口しょうゆ … 小さじ1/2
塩 … 小さじ1/4

❶ 白菜は、芯は5cm長さの細切りに、葉はざく切りにする。合わせて耐熱容器に入れて塩をふり、ラップをかけて電子レンジで2分加熱する。

❷ 耐熱ボウルにAを入れ、水けを絞った①を加えてさっと混ぜ、電子レンジで1分加熱する。

白菜の甘酢煮

赤パプリカの和風マリネ

材料（2人分）
パプリカ（赤）… 1個
削り節 … 少々
A [水 … 大さじ4
　　ポン酢しょうゆ … 大さじ2]

❶ パプリカは乱切りにする。
❷ Aを混ぜ合わせ、①を加えて冷蔵室で10分なじませる。器に盛り、削り節をのせる。

パプリカ

赤パプリカのチーズ焼き

材料（2人分）
パプリカ（赤）… 1個
ピザ用チーズ … 大さじ2
パセリ（みじん切り）… 少々
マヨネーズ … 大さじ1

❶ パプリカは1.5cm角に切る。
❷ 耐熱容器に①を並べ、マヨネーズとチーズをのせて広げる。オーブントースターでチーズが溶けるまで3〜4分焼き、パセリを散らす。

Column

野菜の保存法 ④

[ブロッコリー]

小房に分け、茎はかたい皮をむいて薄切りにする。塩適量を入れた湯で40〜50秒ゆで、冷水にとって冷まし、水けをよくきる。保存容器に入れて冷蔵保存する。保存の目安は4〜5日。

はんぺん

はんぺんの
ピリ辛チーズ焼き

材料（2人分）
はんぺん … 1枚
フライドオニオン（市販）
　… 大さじ2
ピザ用チーズ … 30g
A ┌ にんにく（すりおろし）… 少々
　└ ラー油 … 小さじ2

❶ はんぺんは放射状に8等分に切る。

❷ 耐熱容器に①を並べ、表面に混ぜ合わせたAを塗り、フライドオニオンとチーズを散らす。オーブントースターで焼き色がつくまで3〜4分焼く。

はんぺんの
青のりマヨあえ

材料（2人分）
はんぺん … 1/2枚
A ┌ 青のり … 小さじ1
　└ マヨネーズ … 大さじ1

❶ はんぺんは1cm角に切る。Aをよく混ぜ、はんぺんを加えてあえる。

Column

野菜の保存法⑤

[キャベツ]

芯はとり、葉は大きくちぎり、たっぷりの湯で30秒ゆで、水けをよくきって冷ます。保存容器に入れて冷蔵保存する。保存の目安は4〜5日。

赤ピーマンの じゃこきんぴら

材料（2人分）
赤ピーマン … 2個
ちりめんじゃこ … 大さじ1
赤唐辛子(小口切り) … 1/2本分
A[砂糖・しょうゆ・酒 … 各小さじ1
ごま油 … 小さじ1

❶ ピーマンは縦に細切りにする。
❷ フライパンにごま油を熱し、ちりめんじゃこと赤唐辛子を軽く炒める。①を加えて炒め、焼き色がついたらAを加えてからめる。

ピーマン

ピーマンの みそバター炒め

材料（2人分）
ピーマン … 2個
A[酒 … 大さじ1
　　みそ … 小さじ2
バター … 10g

❶ ピーマンは縦に細切りにする。Aは混ぜ合わせる。
❷ フライパンにバターを熱し、ピーマンを炒める。全体にバターがまわったらAを加え、さっと炒め合わせる。

Column

野菜の保存法⑥

[しょうが・にんにく・大根おろし]

しょうがとにんにくは、せん切り、薄切り、みじん切りなどにして、広げたラップに使いやすい分量ごと置き、上からもラップをぴったりとかぶせて冷凍保存。大根おろしも同様に。使うときは必要な分だけキッチンばさみで切り、残りは冷凍室に戻す。

ひじき

ひじき煮の白あえ

材料 (2人分)
ひじき煮(市販) … 1パック
木綿豆腐(または絹ごし) … 1/2丁(約150g)
細ねぎ(小口切り) … 適量
白いりごま … 小さじ1
塩 … 少々

❶ 豆腐はペーパータオルに包み、15分おいて水きりする。

❷ ①をフォークの背などで軽くすりつぶす。ひじき煮、細ねぎ、白ごまを加え混ぜ、塩で味を調える。

ひじきとちくわのピリ辛煮

材料 (2人分)
ひじき(乾燥) … 8g
ちくわ … 1本
A ┌ 鶏がらスープ … 1/2カップ
  │ しょうゆ・砂糖 … 各小さじ1
  └ 豆板醤 … 少々
ごま油 … 小さじ1

❶ ひじきはもどして水けをきる。ちくわは斜め薄切りにする。

❷ 鍋にごま油を熱し、①を炒めてAを加え、煮汁がほとんどなくなるまで煮る。

豚バラソテーの
ゆずこしょうソース

材料（2人分）
豚バラかたまり肉 … 250g
サニーレタス（食べやすくちぎる）… 2枚分
青じそ（食べやすくちぎる）… 5枚分
レモン（くし形切り）… 適量
A ［ ゆずこしょう・水 … 各小さじ1
　　ごま油 … 小さじ1/2
塩・粗びき黒こしょう … 各少々

❶ 豚肉は5mm幅に切り、塩と黒こしょうをもみ込む。

❷ フライパンを強めの中火で熱し、油をひかずに①を並べる。そのままさわらず、こんがりと焼き色がついたら裏返し、両面が香ばしく焼けたらペーパータオルにとり、油をきる。

❸ サニーレタス、青じそとともに器に盛り、混ぜ合わせた**A**をまわしかけ、食べるときにレモンを絞る。

豚肉

豚マヨキムチ

材料（2人分）
豚切り落とし肉 … 200g
わけぎ … 3本
白菜キムチ … 150g
A ┌ 酒・しょうゆ … 各大さじ1
　├ マヨネーズ … 小さじ2
　└ 砂糖 … ふたつまみ
小麦粉 … 大さじ1
粗びき黒こしょう … 適量
ごま油 … 大さじ1

❶ 豚肉はひと口大に切って小麦粉をまぶす。わけぎは5㎝長さに切る。

❷ フライパンにごま油を熱し、豚肉を1切れずつ広げて並べ、強火で焼く。焼き色がついたらキムチを加え、水分をとばすように炒める。

❸ 混ぜ合わせたAとわけぎを加えてさっと炒め、器に盛って黒こしょうをふる。

材料（2人分）
豚バラ薄切り肉 … 6枚（150g）
ミディトマト … 小1個
モッツァレラチーズ … 50g
バジルの葉 … 6枚
しょうゆ … 少々
塩・こしょう … 各少々
小麦粉 … 大さじ1

❶ ミディトマトは6等分のくし形切りにする。モッツァレラチーズは6等分に切る。

❷ 豚肉を1枚ずつ広げて塩とこしょうをふり、手前にバジルの葉を重ねて①をのせて巻き、全体に小麦粉をまぶす。

❸ フライパンを中火で熱し、②の巻き終わりを下にして2分焼き、転がしながら3分焼く。表面がカリッとしたらしょうゆをからめ、食べやすく切り分ける。

豚肉のトマトチーズ巻き焼き

ブロッコリーとコーンの
オリーブオイルサラダ

材料（2人分）
ブロッコリー … 1/2株
ホールコーン缶 … 1缶（130g）
A ┃ オリーブオイル … 大さじ1
　┃ レモン汁 … 大さじ1/2
　┃ 塩 … 小さじ1/3
　┃ こしょう … 少々

❶ ブロッコリーは小房に分け、塩適量（分量外）を入れた熱湯でゆでて水けをきる。
❷ 缶汁をきったコーン、①、Aをあえる。

ブロッコリーの
ツナそぼろがけ

材料（2人分）
ブロッコリー … 1/4株
ツナ缶（フレーク）… 1缶（80g）
白いりごま … 小さじ2
A ┃ しょうゆ … 大さじ1と1/2
　┃ 砂糖・みりん … 各大さじ1

❶ ブロッコリーは小房に分け、1〜2分ゆでて水けをきる。
❷ フライパンを熱し、缶汁をきったツナとAを炒め、そぼろ状になったら白ごまを加えてひと混ぜする。器に①を盛り、そぼろをかける。

ベーコン

ベーコンとブロッコリー、ミニトマトのピンチョス

材料（4本分）
ベーコン（かたまり）… 適量
ブロッコリー … 4房
ミニトマト … 4個
カレー粉 … 少々

❶ ベーコンは2.5cmの角切りを4個用意し、フライパンを熱して油をひかずに表面を2〜3分ずつ焼く。

❷ ブロッコリーは塩少々（分量外）を入れた熱湯でかためにゆで、水けをきってカレー粉をふる。

❸ ピック4本に①、ミニトマト、②の順に刺す。

ベーコンとひじきの炒めもの

材料（2人分）
ベーコン … 1枚
ひじき（乾燥）… 8g
白いりごま … 小さじ1
めんつゆ（3倍濃縮）… 小さじ2
バター … 5g

❶ ひじきはもどして水けをきる。ベーコンは5mm幅に切る。

❷ フライパンを熱してベーコンを炒め、カリッとしたらひじきを加え、さっと炒める。バターとめんつゆを加えて調味し、器に盛り、白ごまをふる。

Column

野菜の保存法 ⑦

[パセリ・ハーブ]

葉を摘んで冷凍用保存袋などに入れ、冷凍保存する。使うときには手でもんで砕くとみじん切りの状態になる。パセリはスープや炒めものの彩りに散らし、ハーブは煮込み料理やマリネなどの香りづけに加える。

フライドポテトの ベーコン巻き

材料（2人分）
ベーコン … 2枚
フライドポテト（冷凍）… 8本
パセリ（みじん切り）… 少々
塩・こしょう … 各少々
バター … 10g

❶ ベーコンは長さを半分に切り、フライドポテトを2本ずつ巻いて楊枝でとめる。

❷ フライパンにバターを熱し、弱火で①をじっくりと焼き、塩とこしょうをふる。楊枝をはずして器に盛り、パセリを散らす。

ベーコンとにらの キムチ炒め

材料（2人分）
ベーコン … 3枚
にら … 5本
白菜キムチ … 100g
にんにく … 1かけ
塩・こしょう … 各少々
ごま油 … 小さじ1

❶ ベーコンとにらは3cm長さに切る。キムチはひと口大に切る。にんにくは包丁の腹でつぶす。

❷ フライパンにごま油とにんにくを熱し、香りが立ったらベーコンを加えて炒める。カリッとしたら、キムチとにらを加えて炒め合わせ、塩とこしょうで味を調える。

ほうれん草

ほうれん草とザーサイのあえもの

材料（2人分）
ほうれん草 … 1/2束
味つきザーサイ … 20g
A ┌ 白すりごま … 小さじ1
　│ にんにく（すりおろし）
　│ 　… 小さじ1/4
　│ ごま油 … 小さじ1
　│ しょうゆ・砂糖
　└ 　… 各小さじ1/4

❶ ほうれん草はさっとゆでて冷水にとり、水けを絞って3cm長さに切る。ザーサイは細切りにする。
❷ Aをよく混ぜ、①を加えてあえる。

ほうれん草とたくあんのあえもの

材料（2人分）
ほうれん草 … 1/2束
たくあん … 50g
しらす … 15g
ごま油 … 小さじ2

❶ ほうれん草はゆでて冷水にとり、水けを絞って4cm長さに切る。たくあんは4cm長さの細切りにする。
❷ ①を合わせ、しらすとごま油を加えてあえる。

Column

野菜の保存法⑧

[細ねぎ]

小口切りにして冷凍用保存袋などに入れ、冷凍保存する。さまざまなおつまみやおかずの薬味として活躍。また、卵焼きの具などにするのもおすすめ。

ほたてのエスカルゴ風

ほたて缶

材料（2人分）
ほたて貝柱水煮缶 … 1缶（60g）
A ┌ パセリ（みじん切り）… 大さじ1/2
  │ にんにく（みじん切り）… 1/2かけ分
  │ パン粉 … 大さじ2
  │ バター（常温にもどす）… 20g
  │ マヨネーズ … 大さじ1
  └ 塩・こしょう … 各少々

❶ Aはよく混ぜる。ほたて貝柱は缶汁をきって耐熱容器に入れ、Aをかけてオーブントースターで6〜7分焼く。

ほたてのサルサソース

材料（2人分）
ほたて貝柱水煮缶 … 1缶（60g）
A ┌ トマト（みじん切り）… 1/2個分
  │ ピーマン（みじん切り）… 1/4個分
  │ 玉ねぎ（みじん切り）… 1/8個分
  │ 白ワインビネガー … 小さじ2
  │ タバスコ … 小さじ1
  └ 塩・はちみつ … 各小さじ1/3

❶ Aは混ぜる。ほたて貝柱は缶汁をきって器に盛り、Aをのせる。

ほたて缶

ほたての卵焼き

材料（2人分）
ほたて貝柱水煮缶（フレーク）
　… 大1/2缶（95g）
卵 … 2個
塩・こしょう … 各少々
サラダ油 … 大さじ1/2

❶ 卵は割りほぐし、ほたて貝柱を缶汁ごと加え混ぜ、塩とこしょうで調味する。
❷ 熱した卵焼き器にサラダ油の半量をひき、①の半量を流し入れて両面を焼き、3つ折りにする。残りも同様に焼く。食べやすく切って器に盛る。

ほたてときゅうりのサラダ

材料（2人分）
ほたて貝柱水煮缶（フレーク）
　… 大1/2缶（95g）
きゅうり … 1本
レモン汁 … 小さじ1
塩・粗びき黒こしょう … 各少々

❶ きゅうりは薄い輪切りにし、塩少々（分量外）をまぶして2分おき、水けを絞る。
❷ ボウルにほたて貝柱を缶汁ごと入れ、①とレモン汁を加え混ぜ、塩と黒こしょうで味を調える。

Column

野菜の保存法⑨

[青菜・きのこ]

青菜はゆでてからざく切りに、きのこは使いやすい分量にほぐして、冷凍用保存袋などに入れ、それぞれ冷凍保存する。青菜は熱湯をかけて湯通しすればすぐおひたしに。きのこは何種類かミックスしておくと、ソテーなどに重宝。

ミックスビーンズと玉ねぎのサラダ

豆缶

材料（2人分）
ミックスビーンズ缶 … 1缶（120g）
紫玉ねぎ（みじん切り）… 1/2個分
A ┌ オリーブオイル … 大さじ1
  │ 塩 … 小さじ1/3
  └ こしょう … 少々
白ワインビネガー … 大さじ1

❶ 紫玉ねぎにワインビネガーをふって5分おき、ミックスビーンズとAを加えてあえる。

ひたし豆

材料（2人分）
ミックスビーンズ缶 … 1缶（120g）
いんげん … 10本
A ┌ だし汁 … 1カップ
  │ しょうゆ … 小さじ1
  └ 塩 … 小さじ1/2

❶ いんげんは塩適量（分量外）を入れた熱湯でゆでて水けをきり、長さを3〜4等分に切る。

❷ 鍋にAとミックスビーンズを入れて熱し、煮立ったら火を止めてそのまま冷ます。①を加えてさらに30分以上おく。

豆缶

ひよこ豆とひき肉の
カレー炒め

材料（2人分）
ひよこ豆缶 … 1缶（120g）
合いびき肉 … 100g
A ┌ にんにく（すりおろし）… 1/2かけ分
  │ しょうが（すりおろし）… 1/2かけ分
  │ マヨネーズ … 大さじ2
  │ トマトケチャップ … 大さじ1
  └ カレー粉・しょうゆ … 各小さじ1

❶ ひき肉にAを加えて菜箸で混ぜる。
❷ フライパンを中火で熱し、①をパラパラに炒める。ひよこ豆を加えて炒め合わせる。

ミックスビーンズと
きのこのマヨ焼き

材料（2人分）
ミックスビーンズ缶
　… 1缶（120g）
しめじ … 1パック
ゆずこしょう … 小さじ1/2
マヨネーズ … 大さじ2
しょうゆ … 小さじ1

❶ しめじは石づきを落として小房に分ける。
❷ 耐熱容器にミックスビーンズと①を入れ、しょうゆとゆずこしょうを加え混ぜる。マヨネーズをかけて、オーブントースターで7～8分焼く。

ひよこ豆ときゅうり、ヨーグルトのサラダ

材料（2人分）
ひよこ豆缶 … 1缶（120g）
きゅうり（みじん切り）
　… 1本分
にんにく（みじん切り）
　… 1かけ分
プレーンヨーグルト
　（無糖・できれば水きりする）
　… 1/2カップ
塩 … 小さじ1/2
こしょう … 少々

❶ すべての材料を混ぜる。

大豆とじゃこの酢漬け

材料（2人分）
大豆缶 … 1缶（110g）
ちりめんじゃこ … 20g
しょうが（みじん切り）… 1かけ分
酢 … 大さじ2

❶ すべての材料と水大さじ1を混ぜ、10分以上なじませる。

> 豆缶

ひよこ豆とソーセージのソテー

材料（2人分）
ひよこ豆缶 … 1缶(120g)
ミニソーセージ … 4本
にんにく（みじん切り）
　… 1かけ分
クミンパウダー
　… 小さじ1/2
塩・こしょう … 各少々
オリーブオイル … 大さじ1/2

❶ フライパンにオリーブオイルとにんにくを弱火で熱し、香りが立ったらソーセージを加えて炒める。

❷ ソーセージに焼き色がついたらひよこ豆を加え、クミンパウダー、塩、こしょうを加えて炒める。

大豆の白あえ

材料（2人分）
大豆缶 … 1缶(110g)
木綿豆腐 … 1/3丁
白いりごま … 適量
A ┌ 白練りごま … 小さじ2
　│ 砂糖 … 小さじ1
　│ しょうゆ … 小さじ1/2
　└ 塩 … 小さじ1/3

❶ 豆腐はペーパータオルに包み、水きりする。ゴムべらなどでなめらかにすり混ぜる。Aを加えてさらによく混ぜ、大豆を加えてあえ、白ごまをふる。

水菜

水菜と春雨、長ねぎの和風サラダ

材料（2人分）
水菜 … 2株（50g）
春雨 … 30g
長ねぎ … 小1本（80g）
柿ピー（市販）… 適量
A ┌ ごま油・サラダ油・酢・
　 │ しょうゆ・みりん
　 │ 　… 各大さじ1
　 └ ゆずこしょう … 小さじ1/2

❶ 春雨は1分ゆでて水にとり、ざるに上げる。水けをふき、食べやすい長さに切る。

❷ 水菜は5cm長さに切る。長ねぎは縦半分に切って芯をとり、細めの斜め切りにする。ともに冷水に10分さらし、水けをきる。

❸ ボウルに①と②を入れ、Aを加えて手でもみ混ぜる。器に盛って柿ピーを散らす。

水菜

水菜のからしあえ

材料（2人分）
水菜 … 1/2束
削り節 … 適量
A [しょうゆ … 大さじ1/2
　　練りがらし … 小さじ1]

1. 水菜はさっとゆでて水けを絞り、3cm長さに切る。
2. Aをよく混ぜ、①を加えてあえ、削り節をのせる。

水菜と油揚げのサラダ

材料（2人分）
水菜 … 1/4束
油揚げ … 1/2枚
パプリカ（赤） … 1/8個
好みのドレッシング（市販）… 適量

1. フライパンを熱し、油揚げに焼き色がつくまで焼き、短冊切りにする。
2. 水菜は3cm長さに切る。パプリカは縦に細切りにする。ともに冷水にさらし、パリッとしたら水けをよくきり、①と合わせて器に盛る。好みのドレッシングをかけていただく。

水菜と韓国のりのナムル風

材料（2人分）
水菜 … 1/2束
韓国のり（全形）… 1/4枚
削り節 … 1/2パック（2〜3g）
A [白すりごま … 小さじ2
　　オリーブオイル … 小さじ1
　　しょうゆ … 小さじ1/2]

1. 水菜はさっとゆでて水けを絞り、3cm長さに切る。
2. ①とAを混ぜ、食べやすくちぎった韓国のりと、削り節を加えて混ぜ合わせる。

みょうがのピクルス

材料（2人分）
みょうが … 3本
A ┌ 酢・水 … 各70㎖
  │ 砂糖 … 小さじ2
  └ 塩 … 小さじ1/2

❶ みょうがは縦半分に切る。
❷ 耐熱ボウルに①とAを入れて混ぜ、ラップをかけて電子レンジで1分加熱する。粗熱がとれたら冷蔵室で1～2時間なじませる。

みょうがのバターじょうゆ炒め

材料（2人分）
みょうが … 4本
細ねぎ（斜め切り）… 1/2本分
しょうゆ … 小さじ1/2
バター … 10g

❶ みょうがは縦4等分に切る。
❷ フライパンにバターを熱し、①を炒める。火が通ったらしょうゆを加え、ひと混ぜする。器に盛り、細ねぎを飾る。

Column

野菜の保存法⑩

[ゆず]

ラップに丸ごと包んで冷凍保存する。凍ったまま皮をすりおろし、残りは再び冷凍室に戻せばOK。また、皮をせん切りにして冷凍しておけば、煮ものの香りづけに。絞り汁は使いやすい分量ごとラップに包み、冷凍しておくとドレッシングなどに使える。

みょうが

もやし

もやしと大豆のナムル

材料 （2人分）
もやし … 1/2袋
大豆缶 … 1缶(110g)
A [白すりごま … 小さじ2
にんにく（すりおろし）… 少々
ごま油 … 大さじ1/2
塩 … 小さじ1/2]

❶ 耐熱ボウルにもやしと大豆を入れ、ラップをかけて電子レンジで2分加熱し、ペーパータオルで水けをふく。
❷ ①にAを加え混ぜる。

もやしとしょうがの塩昆布あえ

材料 （2人分）
もやし … 1/2袋
しょうが … 1/2かけ
塩昆布 … 4〜5g

❶ もやしはさっとゆでて水けをよくきる。しょうがはせん切りにする。
❷ ①と塩昆布を混ぜ合わせる。

もやしとメンマの
ピリ辛炒め

材料 (2人分)
もやし … 1/2袋
メンマ (びん詰) … 50g
めんつゆ (3倍濃縮) … 大さじ1
ごま油 … 小さじ1
ラー油 … 少々

❶ メンマは細切りにする。
❷ フライパンにごま油を熱し、もやしと①を炒める。もやしがしんなりしたらめんつゆを加え、ラー油をふって炒め合わせる。

材料 (2人分)
豆もやし … 1/2袋
A ┌ くるみ (砕く) … 大さじ1
  │ にんにく (みじん切り)
  │   … 小さじ1/3
  └ ごま油 … 大さじ3
塩・こしょう … 各少々

❶ 豆もやしは3分ゆで、水けをよくきって器に盛る。
❷ 熱したフライパンにAを入れて炒め、香りが立ったら塩とこしょうで味を調える。熱いうちに①にかける。

もやしの中華風
温サラダ

Column

野菜のフル活用術①

かぼちゃやさつまいもの皮で

厚めにむいた皮をせん切りにしてきんぴらにしたり、ころもをつけてかき揚げにしたりすると、おいしく食べられる。実と皮の間に栄養が豊富なので、ぜひ捨てずに活用して！

大根・セロリ・かぶの葉で

食べやすく切って塩とこしょうで炒めてもいいし、小口切りにしてごま油で炒め、ちりめんじゃこや削り節を加えてしょうゆなどで味つけしても、おいしいおつまみになる。

焼き鳥缶

焼き鳥と長いものわさびあえ

材料 （2人分）
焼き鳥缶（たれ）… 1缶（60g）
長いも … 8cm
練りわさび … 小さじ1
しょうゆ … 少々

❶ 耐熱容器に焼き鳥を缶汁ごと入れ、ラップをかけて電子レンジで1分加熱する。

❷ 長いもは4cm長さのせん切りにして器に盛る。①をかけてわさびをのせ、しょうゆをかける。

焼き鳥の卵とじ

材料 （2人分）
焼き鳥缶（たれ）… 1缶（60g）
ごぼう … 1/4本
卵 … 2個
A ［水 … 大さじ6
　　酒 … 大さじ1
　　しょうゆ … 大さじ1/2］
粉山椒 … 少々

❶ ごぼうはよく洗ってささがきにし、水にさらす。卵は割りほぐす。

❷ 直径20cmほどのフライパンに焼き鳥を缶汁ごと入れ、Aと水けをきったごぼうを加えて火にかける。煮立ったら弱火にしてふたをし、5分煮る。

❸ 卵をまわし入れて煮て、好みの加減に火を通す。器に盛り、粉山椒をふる。

ヤングコーンののりマヨあえ

材料（2人分）
ヤングコーン … 6本
絹さや … 2枚
A ┌ のりのつくだ煮（市販）
  │   … 小さじ1
  └ マヨネーズ … 小さじ2

❶ ヤングコーンはさっとゆでて水けをきり、斜め3等分に切る。

❷ Aをよく混ぜ、①を加えてあえる。器に盛り、筋をとってさっとゆで、斜め半分に切った絹さやを添える。

ヤングコーンのオーロラソースがけ

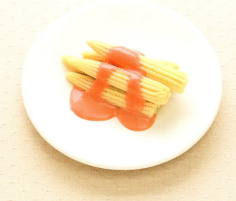

材料（2人分）
ヤングコーン … 6本
A ┌ マヨネーズ・
  │   トマトケチャップ
  └   … 各小さじ2

❶ ヤングコーンはさっとゆでて水けをきり、器に盛って、混ぜ合わせたAをかける。

ヤングコーン

ラディッシュ

ラディッシュの
バターポン酢炒め

材料（2人分）
ラディッシュ（葉つき）…6個
A ┌ ポン酢しょうゆ…小さじ2
　└ 塩…少々
バター…5g

❶ ラディッシュは、実は4つ割りにし、葉は2cm長さに切る。合わせて耐熱容器に入れ、ラップをかけて電子レンジで40秒加熱する。

❷ フライパンにバターを熱して①を炒め、Aで調味する。

ラディッシュの
マヨみそソース

材料（2人分）
ラディッシュ…8個
A ┌ マヨネーズ…大さじ1
　│ みそ・はちみつ
　└ 　…各小さじ1

❶ ラディッシュは葉を落とし、実の先端に十字の切り込みを入れる。

❷ Aをよく混ぜ、器に敷いて①をのせる。

材料 (作りやすい分量)
れんこん … 200g
にんじん … 1本 (150g)
セロリ … 1本 (100g)
パプリカ(赤) … 1/2個 (80g)

A
- クミンシード … 小さじ1※
- 赤唐辛子(種をとる) … 1本分
- ローリエ … 1枚
- 酢(または白ワインビネガー) … 2/3カップ
- 水 … 1/2カップ
- 砂糖 … 大さじ6
- オリーブオイル … 大さじ1
- 塩 … 小さじ1と1/2

※クミンシードはから炒りしてから使うと、香りが際立ちます。

❶ れんこん、にんじん、筋をとったセロリ、パプリカはひと口大の乱切りにする。

❷ 鍋にAを入れて混ぜ、中火で熱して1分煮立てる。

❸ れんこんとにんじんを加えて2分煮る。残りの野菜を加え、ひと混ぜして火を止める。

❹ 粗熱がとれたら保存容器に入れて、冷蔵室で冷やす。

定番ギリシャ風ピクルス

れんこん

れんこんのねぎみそ焼き

材料 (2人分)
れんこん … 100g

A
- 長ねぎ(みじん切り) … 1/4本分
- みそ・みりん … 各小さじ2

❶ れんこんは皮つきのまま1cm幅の輪切りにし、水にさらしてペーパータオルで水けをよくふく。

❷ Aを混ぜ合わせて①に塗り、オーブントースターで焼き色がつくまで3〜4分焼く。

わかめ

わかめの
ナンプラー
ポン酢がけ

材料（2人分）
わかめ（塩蔵）… 30g
ちりめんじゃこ・白いりごま
　… 各大さじ1
A ┌ ナンプラー … 大さじ1
　│ ポン酢しょうゆ … 小さじ1
　└ ごま油 … 小さじ1/2

❶ わかめはたっぷりの水に2分つけて塩を抜き、水けを絞って食べやすい長さに切る。
❷ フライパンを熱し、ちりめんじゃこと白ごまをから炒りしてカリッとさせる。
❸ 器に①を盛って②をのせ、混ぜ合わせたAをまわしかける。

わかめのナムル

材料（2人分）
わかめ（塩蔵）… 50g
A ┌ 長ねぎ（粗いみじん切り）… 5cm分
　└ 赤唐辛子（小口切り）… 1本分
B ┌ にんにく（すりおろし）… 1/2かけ分
　│ 酒・しょうゆ … 各大さじ1
　└ 酢 … 小さじ1
塩 … 少々
ごま油 … 大さじ1

❶ わかめはたっぷりの水に2分つけて塩を抜き、水けを絞って食べやすい長さに切る。
❷ フライパンにごま油を熱してAを炒め、香りが立ったら①と塩を加えて中火で炒める。全体に油がまわったら混ぜ合わせたBを加え、強火で汁けがなくなるまで炒める。

わかめとほたての酢のもの

材料（2人分）

わかめ（乾燥）… 5g
ほたて貝柱（刺身用）… 4個
A ┃ ポン酢しょうゆ・水・はちみつ
　┃　　… 各小さじ2

❶ わかめは水でもどし、水けをよくきる。ほたて貝柱は4つ割りにする。

❷ Aをよく混ぜ、①を加えてあえる。

わかめとメンマのあえもの

材料（2人分）

わかめ（乾燥）… 8g
メンマ（びん詰）… 40g
A ┃ ごま油 … 小さじ1
　┃ 塩 … 少々

❶ わかめは水でもどし、水けをよくきる。メンマは粗いみじん切りにする。

❷ ①を合わせ、Aを加えてあえる。

Column

野菜のフル活用術②

キャベツの芯で

食べやすく切り、小麦粉をはたいて溶き卵にくぐらせ、パン粉をまぶして中温（170℃）の油で2〜3分揚げ、フライに。揚げることでキャベツの甘みが増し、ほっくりおいしく仕上がる。

ブロッコリーの茎で

栄養たっぷりで甘みもあるのでおすすめ。かたい皮をむいてせん切りにし、あえものや炒めものにしたり、薄切りにしてスープの具にしたりしても。きんぴらなど、濃いめの味つけでもおいしくいただける。

シメのご飯と麺

やっぱり最後にちょこっと食べたい炭水化物。
食べ過ぎにはくれぐれもご注意を…。

ベビースター焼きめし

材料（作りやすい分量）
ご飯（温かいもの）… 茶碗1杯分
ベビースターラーメン … 1袋（約40g）
細ねぎ（小口切り）… 2本分
ウスターソース … 大さじ1
サラダ油 … 大さじ1

① ベビースターラーメンは袋の上から軽く砕く。
② フライパンにサラダ油を熱し、強めの中火でご飯を炒める。パラパラとしてきたら①を加えて炒め、鍋肌からソースをまわし入れて混ぜ合わせる。
③ 全体にソースがなじんだら、細ねぎを加え混ぜる。

材料（4個分）
ご飯（温かいもの）… 400g
スパム缶（1cm厚さ）… 4枚
焼きのり（1cm幅×15cm長さ）… 4枚
しょうゆ・みりん … 各小さじ2
塩 … 少々
サラダ油 … 小さじ1

① フライパンにサラダ油を中火で熱し、スパムの両面を焼く。しょうゆとみりんを加えて、スパムを炒りつける。
② 手に塩をつけ、4等分にしたご飯をたわら形ににぎる。
③ ラップの上に①と②をのせて包み、形を整える。ラップをはずしてのりを巻く。

スパムおにぎり

ご飯

じゃこチーズミニ焼きおにぎり

材料（4個分）
ご飯（温かいもの）… 200g
バジルの葉 … 6枚
スライスチーズ … 2枚
ちりめんじゃこ … 大さじ3
塩 … 少々
サラダ油 … 適量

❶ バジルの葉4枚とチーズは細かくちぎる。
❷ ご飯に①、ちりめんじゃこ、塩を加えてよく混ぜ、4等分にして好みの形ににぎる。
❸ フライパンにサラダ油を薄く塗って中火で熱し、②を片面5分ずつこんがりと焼く。器に盛って残りのバジルの葉を飾る。

お茶漬けチーズの混ぜご飯

材料（2人分）
ご飯（温かいもの）… 茶碗2杯分
お茶漬けの素（市販）… 1袋
削り節 … 1パック
プロセスチーズ … 10g

❶ ご飯にお茶漬けの素と削り節を加えてよく混ぜ、1.5cm角に切ったチーズを加えてさっくりと混ぜ合わせる。

きんぴらライスボール

材料（2〜3人分）
ご飯（温かいもの）… 茶碗2杯分
きんぴらごぼう（市販）… 1パック
焼きのり（全形）… 適量
ゆずこしょう … 小さじ1/4

❶ きんぴらごぼうにゆずこしょうを加え混ぜる。
❷ ご飯を加えてさっくりと混ぜ、6等分にする。それぞれラップに包んで丸める。
❸ ラップをはずして器に盛り、食べやすく切ったのりを添え、食べる直前に巻く。

ツナビビンバ

材料（2人分）
ご飯（温かいもの）… 適量
ツナ缶（フレーク）… 1缶（70g）
サニーレタス（太めのせん切り）
　… 4枚分
貝割れ（半分に切る）… 1パック分
白菜キムチ … 80g
白いりごま … 少々
A ┌ 白すりごま … 大さじ1
　│ 長ねぎ（みじん切り）… 5cm分
　│ にんにく（すりおろし）… 1かけ分
　│ しょうゆ … 小さじ2
　└ 砂糖・ごま油 … 各小さじ1
B ┌ コチュジャン … 大さじ1
　│ 酢・みそ … 各大さじ1/2
　└ 砂糖 … 小さじ1

❶ フライパンに軽く缶汁をきったツナとAを入れて中火で熱し、パラリとするまで炒りつける。

❷ 器にご飯を盛り、サニーレタス、貝割れ、①、キムチをのせる。白ごまをふり、好みで混ぜ合わせたBをかける。

さんまときゅうりの混ぜご飯

材料（2人分）
ご飯（温かいもの）… 茶碗2杯分
さんまかば焼き缶 … 1/2缶
きゅうり … 1/2本
白いりごま … 小さじ1
塩 … 少々

❶ さんまかば焼きはほぐす。きゅうりは薄い輪切りにし、塩適量（分量外）をふって2～3分おき、水けを絞る。ご飯に、白ごま、塩とともに加えてさっくりと混ぜ合わせる。

鮭フレークとたくあんの混ぜご飯

材料（2人分）
ご飯（温かいもの）… 茶碗2杯分
鮭フレーク（びん詰）… 60g
たくあん … 20g
貝割れ … 1/4パック

❶ たくあんは粗いみじん切りにする。貝割れは根元を切って長さを半分に切る。ご飯に、鮭フレークとともに加えてさっくりと混ぜ合わせる。

材料（2人分）
冷凍うどん … 2玉
玉ねぎ … 1/2個
ツナ缶（フレーク）… 1缶（70g）
卵 … 2個
めんつゆ（ストレート）… 1カップ
粗びき黒こしょう … 少々

❶ 玉ねぎはみじん切りにし、水にさらして水けを絞る。
❷ うどんは表示にしたがってゆでて水けをきり、器に盛る。①、軽く缶汁をきったツナ、卵をのせ、電子レンジでほどよく温めためんつゆをかけて黒こしょうをふる。

ツナと卵の ぶっかけうどん

鶏肉のゆず こしょうパスタ

材料（2人分）
ペンネ … 150g
鶏もも肉 … 1枚（200g）
マッシュルーム … 8〜10個
ゆずの皮（せん切り）… 適量
A ┌ 牛乳 … 1カップ
　├ 水 … 1/2カップ
　└ 塩 … 小さじ2/3
ゆずこしょう … 小さじ1
小麦粉 … 大さじ2
サラダ油 … 大さじ1
バター … 20g

❶ 鶏肉は2cm角に、マッシュルームは半分に切る。
❷ フライパンにサラダ油を中火で熱し、①を2分焼きつけてから2分炒め、バターを加え混ぜる。
❸ 全体にバターがまわったら小麦粉を加え、粉っぽさがなくなるまで2分炒めて火を止める。
❹ Aを少しずつ加え混ぜ、なめらかにのばして中火で熱し、混ぜながらとろっとするまで5分煮る。
❺ ペンネは表示より2分短くゆでて④に加え、1分煮からめる。ゆずこしょうを加えてひと混ぜし、器に盛ってゆずの皮を散らす。

汁もの

晩酌も一段落して、ほっと一息つきたいときは、
温かい汁ものをささっと作りましょう。
夏場には冷や汁もおいしいですね。

ピリ辛わかめスープ

材料 （1人分）

A ┌ わかめ（乾燥）… 小さじ1
  │ しょうゆ・鶏がらスープの素（顆粒）
  └ … 各小さじ1/2
ラー油 … 少々

❶ 器にAを入れ、湯3/4カップを注いで混ぜ、ラー油をたらす。

卵スープ

材料 （1人分）
卵 … 1個
細ねぎ（小口切り）… 適量
鶏がらスープの素（顆粒）… 小さじ1
塩・こしょう … 各少々

❶ 器に卵を割りほぐし、鶏がらスープの素を加える。
❷ 湯180mlをゆっくり注ぎ、1分おいたら塩とこしょうで味を調え、細ねぎを散らす。

はんぺんのすまし汁

材料（1人分）
- はんぺん … 15g
- みつばの葉 … 少々
- 和風だしの素（顆粒）… 小さじ1/3
- しょうゆ … 少々

❶ はんぺんは1cm角に切って器に入れる。和風だしの素を加え、湯3/4カップを注いで混ぜる。

❷ しょうゆで味を調え、みつばの葉をのせる。

汁もの

三平汁

材料（作りやすい分量）
- 鮭水煮缶 … 1缶（180g）
- 大根 … 5cm
- にんじん … 1/3本
- じゃがいも … 1個
- 長ねぎ … 1/3本
- 塩昆布 … 5g
- 酒 … 大さじ2
- みそ … 大さじ1

❶ 大根は1cm幅のいちょう切りに、にんじんは薄い半月切りにする。じゃがいもは1cm幅のいちょう切りにし、さっと洗う。長ねぎは5mm幅に切る。

❷ 鮭水煮は缶汁ごと鍋に入れ、水2カップ、大根、にんじん、じゃがいも、塩昆布、酒を加えて火にかける。煮立ったら中火にし、10分煮る。

❸ みそを溶き混ぜ、長ねぎを加えてひと煮する。

ツナの冷や汁

材料（2人分）
- ツナ缶（フレーク・水煮）… 1缶（75g）
- ご飯 … 適量
- きゅうり（薄い小口切り）… 1/2本分
- みょうが（薄い小口切り）… 1本分
- 白すりごま … 大さじ2
- みそ … 大さじ2

❶ ツナは缶汁ごとボウルに入れ、ゴムべらなどで細かくほぐす。みそと白すりごまを加え混ぜ、冷水1と1/2カップを少しずつ加えてさらに混ぜる。

❷ 器にご飯を盛り、①をかけ、きゅうりとみょうがをのせる。

スイーツ

シメのご飯や麺の代わりにスイーツはいかが？
限りなくおつまみに近いものから、
さっぱりおいしいアイスまで。

柿ピーとじゃことチョコ

材料（作りやすい分量）
板チョコレート … 適量
柿ピー … 適量
ちりめんじゃこ … 適量

① チョコレートはひと口大に割り、残りの材料と混ぜ合わせる。